How to Write *in* SPANISH

Correspondence Made Easy, from Personal Letters to Business Documents

L I G I A O C H O A

McGraw·Hill

New York Chicago San Francisco Lisbon London Madrid Mexico City
Milan New Delhi San Juan Seoul Singapore Sydney Toronto

1 2 3 4 5 6 7 8 9 0   AGM/AGM   3 2 1 0 9 8 7 6 5 4

ISBN 0-07-141635-8

Interior design by Village Typographers, Inc.

McGraw-Hill books are available at special quantity discounts to use as premiums and sales promotions, or for use in corporate training programs. For more information, please write to the Director of Special Sales, Professional Publishing, McGraw-Hill, Two Penn Plaza, New York, NY 10121-2298. Or contact your local bookstore.

This book is printed on acid-free paper.

How to Write

in

SPANISH

Contents

Acknowledgments

I would like to thank Jean Yates and Nancy Agray for reading each unit, correcting the style, and providing important suggestions for improving it. Without them it would have been impossible to write this book.

Introduction

This book has been developed for learners whose native language is not Spanish. It is designed to introduce them to the principal types of written material used in Hispanic society and to serve as a guide to help them write their own letters and documents in a coherent and communicative way.

The book is organized into eight units that present the types of written documents with specific communicative purposes most frequently used in Hispanic society today. We provide learners with guidelines that will help them acquire the ability to produce the same kinds of documents that native speakers of Spanish use in their daily lives.

Each unit is independent of the others. Therefore, readers can start wherever they wish. Perhaps they relate to certain issues, are particularly interested in them, or have already had problems in writing a particular type of document.

Each unit begins with a list of proposed objectives and deals with one or more types of texts. Within each unit, we provide a series of exercises corresponding to the stages or processes of the written act: defining a text, reading and understanding typical examples, managing the relevant vocabulary, writing the first draft of your own text, reviewing and revising it.

At the end of each unit, while revising his or her own written samples, the learner is invited to review the content and the skills developed in that unit and also to continue with several optional activities.

This handbook has been prepared for English speakers who wish to write in Spanish successfully for personal or professional reasons. It is especially addressed to those who have attempted to write in Spanish but do not yet have the necessary tools.

How to Write in Spanish offers tools for writing materials such as personal and official documents, curriculum vitae, business and personal letters, greeting cards, e-mail messages, personal narratives, and so on. The book begins with simple, familiar types of writing and gradually advances to more complex pieces. It also describes the structure that underlies the various documents and that makes it possible to write and assimilate them.

In addition, this book overcomes certain problems present in traditional textbooks because it:

- Presents writing as a topic in itself, rather than as an excuse for the practice of grammar
- Gives readers the actual tools they need for writing each type of document
- Concentrates on the communicative aspect of writing, rather than a purely academic one
- Provides complete documents, rather than unrelated phrases or sentences
- Considers the different kinds of texts that are important in Hispanic society today

This book can also be helpful for those who want to improve their writing in their native language because certain characteristics of written texts are similar across languages.

Furthermore, with at least two complete sample texts in each unit, the book also helps develop reading comprehension. These texts were first designed for developing writing skills, but they are also useful for developing reading competence in Spanish. We have provided texts in Spanish and, especially in the Answer Key, English equivalents that permit the comparison of structures in both languages. We hope this book will stimulate its users to want to write well in Spanish.

The Writing Process

Writing involves a series of interconnected operations. It asks the writer to be conscious of the communicative context, to generate and organize ideas about the topic in order to plan the structure of his or her piece, to anticipate the effect the piece will have, and to plan the strategies necessary to achieve it. In addition, the writer needs to use accepted conventions of grammar and vocabulary, to make decisions about style, to ensure coherence and logic, to spell and punctuate correctly, and to aim for a clear text—all in order to communicate a specific message.

The final version of a piece often requires several drafts and rewrites. The writer must become accustomed to rereading and reviewing all aspects of his or her work.

Certain steps are necessary for the success of any piece. They are invention, preparation, the first draft, one or more revisions, a review by another reader, and final editing. Each is described in more detail below.

Invention

It is important that writers be well acquainted with the subject they wish to treat. Needed information can be found in books, in periodicals and other printed materials, on the Internet, through direct experience, or in one's imagination.

Preparation

Most writers conceptualize a projected text before they begin to write. In the planning stage, writers decide what they are going to say and how they wish to say it. There is inevitably a good deal of trial and error, with some ideas discarded and others developed or extended. If the writer has considered his or her potential audience and the reasons for writing the piece, if he or she has planned the content and the approach, has pictured the desired product, including its parts and how they relate to each other, writing becomes much easier and less problematic.

First Draft

The first draft consists of laying out the plan, keeping in mind the organization of the theme or themes into sentences and paragraphs.

Revision

Revision improves the first draft. Writers should first quickly read their entire first draft in order to get a general idea of the whole. Then they should read each section carefully asking themselves how readers might react to what they have written. They should make corrections, tie up loose ends, add or eliminate information, restructure and reorder paragraphs, delete any repetitions, and, if necessary, do further research, looking up facts or words they are not sure of. Corrections are made at every level: the whole text, paragraphs, sentences, and individual words. The last step is to check spelling and punctuation.

Review by a Reader

It is important that drafts, especially the second draft, be shown to other readers, to find out if they understand it, if they have questions, if they want more information, or perhaps feel there is too much information. Responding to readers' reactions is a vital part of the writing process.

Final Editing

The final edit and critical reading should not be skipped. Errors can be introduced during the editing process itself. Run a spell-check one more time, and, if possible, ask a different acquaintance or colleague to read your final version.

Writing in any language requires a certain involvement in the culture of that language. A good writer will try to become familiar with the ways things are seen, done, and said in that culture; he or she will learn what is important in that society and understand its norms of behavior, particularly those that affect written texts. However, writing also *creates* culture; the writer creates a world that defines his or her surroundings and becomes a self-representation. Thank you for becoming part of this process, and welcome to the Hispanic community!

1

Filling Out Forms

In this unit, you will:

- Learn to fill out printed or online forms
- Learn the vocabulary and specific terms that apply to this type of document
- Review the rules for using capital letters

Introduction

Whether we fill them out for a bank, a university, or a commercial or public agency, official documents are an essential means of communicating personal information to an institution.

While filling out a form would not seem to be a complicated matter, you will find that these documents have their own specific conventions in Spanish-speaking countries.

An Example

Jean is an American who arrived three years ago in Madrid to work on her Ph.D. Her residency permit will expire soon. This is the application form she must fill out in order to maintain her residency:

DATOS DEL SOLICITANTE

Fecha de nacimiento (año, mes, día)		Nacionalidad	
1983/11/16		American	

Nombre	1er Apellido	2º Apellido
Jean	Fernández	Atienza

Nombre anterior (en caso de cambio de apellido)

Lugar de nacimiento
Washington, D.C.

País de nacimiento
The United States of America

Nombre y apellidos del padre	Nombre y apellidos de la madre	Sexo	Estado civil
Charles Fernández	Mary Atienza	F	Casada

DOMICILIO

Tipo de vía (calle, plaza, etc)	Nombre de la vía (Nombre de la calle, plaza, etc)	Núm.
Calle	Calderón de la Barca	21

Piso	Letra	Escalera	Bloque	Provincia
3º	D			Madrid

Localidad de domicilio	Código Postal	Teléfono (con prefijo)
Madrid	28040	943102570

SOLICITA

__X__ 1. Prórroga de estancia

_____ 2. Exención de visado de residencia

_____ 3. P. Residencia inicial

_____ 4. P. Residencia ordinario

_____ 5. P. Residencia permanente

_____ 6. P. Residencia por circunstancias excepcionales

_____ 7. P. Residencia por reagrupación familiar

_____ 8. Informe para solicitud de visado para reagrupación familiar

OBSERVACIONES

MADRID, a 18 de NOVIEMBRE de 2002

Did you know that in the Spanish language it is common for people to use two last names? The first one corresponds to the father's last name and the second to the mother's. What are Jean's two last names? What are (or what would be) yours?

EXERCISE 1

Answer the following questions about the previous example.

1. ¿Cuántas partes debe llenar el interesado? (*How many sections does the person in question have to fill out?*)

2. ¿Cada parte de que se ocupa? (*What does each section deal with?*)

3. ¿Cuántos años tiene Jean? (*How old is Jean?*)

4. ¿Cuál es su estado civil? (*What is her marital status?*) ¿Soltera, casada, separada, divorciada o viuda? (*Single, married, separated, divorced, or widowed?*)

Vocabulary

This is the basic vocabulary commonly used for completing forms:

ESPAÑOL	INGLÉS
Nombre y apellidos	*Name and last names (surnames)*
Dirección completa (vía, calle, plaza, ciudad, etc)	*Complete address (road, street, square, city, etc.)*
Teléfono	*Telephone number*
Lugar y fecha de nacimiento	*Place and date of birth*
Nacionalidad	*Nationality*
País de nacimiento	*Country of birth*
Sexo: masculino (m) o femenino (f) / hombre (h), mujer (m)	*Sex: male, female / man, woman*
Parentesco: padre, madre, hijo, hija, abuelo, abuela, esposo, esposa, nieto, nieta	*Family relationship: father, mother, son, daughter, grandfather, grandmother, husband, wife, grandson, granddaughter*

Note the abbreviations used in the following forms:

ABREVIATURA	SIGNIFICADO	EQUIVALENT
D/Dña	Don, Doña	*Mr., Mrs.*
D.N.I.	Documento nacional de identificación	*Identification card*
C.P.	Código Postal	*Zip Code*

EXERCISE 2

Complete the following form either with real data about yourself or a friend, or make up the information about an imaginary person.

DATOS DEL SOLICITANTE

Fecha de nacimiento (año, mes, día)		Nacionalidad		
Nombre *[Given name]*	1er Apellido *[1st Surname]*		2º Apellido *[2nd Surname]*	
Nombre anterior *[Surname at birth]* (en caso de cambio de apellido)				
Lugar de nacimiento				
País de nacimiento				
Nombre y apellidos del padre	Nombre y apellidos de la madre		Sexo	Estado civil

EXERCISE 3

Correct the spelling and punctuation errors in the following form.

Correos Nacionales

NIF x36504

REMITENTE
D. yamile segura Vargas

DESTINATARIO
D. sebastián maldonado torres
C./ calle de la rambla   N. 26 piso 3
Población barcelona

C.P. 37145   PROV. Cataluña   PAÍS españa

≋ Remember ≋

Capital letters (*las letras mayúsculas*) are used for:

- The initial letter of first names and last names: Leonardo Arboleda Palacios
- The first letter of names of cities and countries: Quito, Ecuador
- The first letters of the important words of the names of public institutions: Universidad Nacional de Ecuador
- The letters used to abbreviate the name of an organization: ONU (Organización de las Naciones Unidas)

Capital letters are generally not used for the first letter of the names of:

days	*lunes*
months	*agosto*
languages	*inglés*

EXERCISE 4

Complete the following form with your personal information.

POLICÍA METROPOLITANA—DÉCIMA TERCERA ESTACIÓN

El Suscrito Jefe de Turno *[Officer on duty]* **de la Unidad Judicial Calle 40**

Hace Constar

Que en la fecha compareció el/la señor(a): _____

Identificado/a con el D.N.I. # _____ , con el objeto de dejar constancia

de la pérdida de sus documentos. Expuso lo siguiente:

_____

_____

_____

_____

_____

_____

_____

_____

_____

_____

Se expide la presente constancia a solicitud verbal del interesado/a con el objeto de
tramitar nuevamente estos documentos.

a los _____ días del mes de _____ del año _____ .

Jefe de turno _____

Exponente *[Person filing claim]* _____

Dirección _____

Teléfono _____

What is the above form used for?

Bank Documents

Bank documents are used in banks for withdrawing, depositing, sending, or transferring money.

An Example

This is a deposit slip, the receipt that shows you have deposited money in your bank account.

BANCO CULTURAL ECONÓMICO	
COMPROBANTE ÚNICO DE DEPÓSITO EN EFECTIVO	
_X_ AHORRO _____ CUENTA CORRIENTE _____ TARJETA DE CRÉDITO _____ REMESA	
NÚMERO DE CUENTA O TARJETA 2389076R	TITULAR DE LA CUENTA Leonor Aranda Santos
VALOR 400 EUROS	DEPOSITANTE Javier Muñoz Quintana
FECHA 10-12-2002	ESPACIO PARA EL BANCO

EXERCISE 5

Answer the following questions about the previous example.

1. ¿Quién hizo la consignación? (*Who made the deposit?*)

2. ¿Cuánto dinero consignó? (*How much did he/she deposit?*)

3. ¿En qué fecha consignó este importe? (*On what date did he/she deposit the money?*)

4. ¿Para quién es el dinero? (*Who is the money for?*)

Vocabulary

This is the basic vocabulary commonly used for completing bank forms:

ESPAÑOL	INGLÉS
Importe / ingreso	*Deposit*
Consignación	*Deposit slip*
Retiro	*Withdrawal*
Firma del interesado / del representante / del alumno	*Signature of the interested party / representative / student*

EXERCISE 6

Marcela filled out the following form but with illegible writing. Fill it out again using the personal information on the next page. Choose only the necessary information.

RECIBO DE PAGOS VARIOS AUTOLIQUIDACIÓN

PRIMER APELLIDO			
SEGUNDO APELLIDO			
NOMBRE			
DIRECCIÓN: CALLE/PLAZA		NÚMERO	PISO
C.P.	PROV.	PAÍS	
TELÉFONO			

CLASE DE PAGO

_____ Certificación académica personal

_____ Traslado de expediente académico

_____ Título de doctor

_____ Convalidación de asignaturas

_____ Pruebas de conjunto

_____ Otros

IMPORTAR A INGRESAR

FIRMA

FECHA

Personal Information

Datos de identificación
Nombre y apellidos: Marcela Escobar Morales
Fecha de nacimiento: 15-11-1976
Nacionalidad: peruana
Nombre y apellidos del padre: Jorge Escobar Paredes
Nombre y apellidos de la madre: Antonia Morales Delgado
Sexo: mujer
Dirección: Calle la Pola 23. 4E. C.P. 27654. Gijón – Asturias. España.
Teléfono: 97834
Importe a ingresar: 1825 euros
Fecha: 03-03-2003

Complete the following form in Spanish, using your own personal information.

UNISALUD

Apreciado usuario:

Deseamos conocer su opinión en relación con la calidad de los servicios que prestamos. Por favor llene el siguiente formato:

Fecha _____

Nombre _____

Documento de identidad _____

Teléfono _____

Dirección _____

Marque con una X según corresponda

Criterio	Bueno	Regular	Malo	No existe
Atención del personal médico				
Servicio de odontología				
Exámenes especializados				
Medicamentos y subsidios de salud				

Observaciones y sugerencias

Evaluate your responses using the following questions:

1. ¿Escribiste todos los datos que te solicitaban? (*Did you write all of the requested information?*)

2. ¿Escribiste los formatos con letra clara y legible? (*Did you fill in the forms in clear, legible handwriting?*)

3. ¿Indicaste el tipo de documento que solicitas o que estás tramitando? (*Did you indicate the type of document you are asking for or the transaction you are doing?*)

4. ¿Pusiste tu nombre y firma? (*Did you write your name and signature?*)

5. ¿Empleaste adecuadamente las mayúsculas? (*Did you use capital letters correctly?*)

EXERCISE 8

For the following personal observation, fill in the blanks with capital or lowercase letters:

El ___omingo es un día triste para mí. ___e siento nostálgico, deprimido,

sin ganas de hacer nada; me imagino que es porque el ___unes tengo

que trabajar. ___l ___iernes, por el contrario, estoy feliz: ya llega el fin

de semana, el descanso, la alegría. No obstante, en las vacaciones, en

___iciembre, los ___omingos en la tarde me invade una pequeña angustia

y me siento muy solo. ___o se por qué.

2

Curriculum Vitae

In this unit, you will:

- Learn to write a *curriculum vitae* (CV) and an autobiography
- Learn the vocabulary and specific terms that apply to these types of documents
- Review the rules for using capital letters

Introduction

You are probably accustomed to furnishing a résumé when applying for a job or other position. Typically, though, a potential employer or an institution in a Spanish-speaking country will require that you submit a *curriculum vitae* (CV). Compared to a résumé, a CV also includes information such as your academic credentials and a list of publications, if any. A list of publications and participation at meetings and conferences is particularly important for job applications in a research or other academic setting, but is recommended for any type of professional employment. Not only should your CV include complete information about your education and experience, it should also aim to convince the reader that you are well qualified for the position you are seeking.

An Example

Juan is an architect who wants to work for the C&M Company, which is looking for an expert in city planning. He sent the following CV:

Juan González Blanco
Carrera 40 N. 26-08 Bogotá
Teléfono: 3165432
E-mail: jugo@net.fr
Lugar y fecha de nacimiento: 7-8-1969, Bogotá (Colombia)
Nacionalidad: colombiano

Formación académica
* Licenciatura en arquitectura. Universidad Nacional de Colombia. Bogotá. 1989.
* Maestría en urbanismo. Universidad Nacional de Colombia. Bogotá. 1992.
* Candidato a doctor en Arquitectura Urbana. Universidad de la Sorbona. 2001.

Experiencia laboral
* Auxiliar de arquitecto. Secretaría de Obras Públicas. 2 años. 1990–1992.
* Arquitecto jefe. García y Martínez Asociados. 3 años. 1993–1996.
* Asesor. Dragados y Construcciones. 1 año. 1997.

Publicaciones
* "Bogotá: un entramado sin orden". Fondo Nacional Universitario. Bogotá. 1999.
* "Propuesta de diseño para el sector suroriental de Bogotá". Ministerio de obras públicas. Bogotá. 1996.
* "Estrategias para el urbanismo humanizado". Afán gráfico. Bogotá. 1996.
* "Posibilidades de recuperación del espacio público". En revista Colombiana de arquitectura. N. 7. Universidad Nacional de Colombia. 1994.

Participación en seminarios y proyectos de investigación
* "Desarrollo de procesos urbanos habitables". Fundación para la vivienda popular. Bogotá, Colombia. 1998. Investigador principal.
* "Formación de nuevos arquitectos". Universidad Nacional de Colombia. 1996–1998. Coinvestigador.
* "Por una vivienda más confortable". Asistente. Constructores S. A. Bogotá. 1995.
* "Bogotá: un principio de orden". Ponente. Secretaría de obras públicas. 1994.

- "Los espacios públicos". Organizador. Universidad Nacional de Colombia. 1993.
- "Los parques infantiles en Bogotá". Ponente. Ministerio de Educación. 1992.

Otros méritos

Universidad Nacional de Colombia:
- Matrícula de honor durante toda la licenciatura
- Grado de honor
- Monografía meritoria
- Beca para realizar estudios de postgrado en el exterior

≷ Note ≷

When you write an address in Spanish, first write the name of the street or road and then the number of the house or apartment, followed by the zip code, the name of the town or city, and finally the country. Note that in order to write addresses with a floor number or an apartment number up to ten (10), you use ordinal numbers, thus you must use the symbol (º) which corresponds to the abbreviation of *primero, segundo, tercero*, etc. (first, second, third, etc.). For example, *Joaquín Costa, 61-6º Izquierda. Puerta 2*. For numbers higher than 10 you use cardinal numbers, and you do not include the superscript "o" designation.

EXERCISE 1

Answer the following questions about the example.

1. ¿Qué partes del currículo pueden ser importantes para que Juan consiga el trabajo? (*What parts of the CV could be important for Juan's getting the position?*)

2. ¿Cuáles son las principales partes de un CV? (*What are the major divisions of a CV?*)

3. ¿Qué se debería incluir bajo el encabezado "experiencia laboral"? (*What should be included under the heading "work experience"?*)

4. ¿Cuando se menciona un libro (u otra publicación) en un CV, qué información básica se debe incluir? (*When a book [or other publication] is mentioned in a CV, what basic information should be provided?*)

Now research two more possible publications that Juan might have contributed to and write down the details.

Vocabulary

The following vocabulary is related to professions, occupations, and academic degrees and programs both in Spanish and English:

ESPAÑOL	INGLÉS
Algunas profesiones: filólogo, zapatero, sastre, panadero, carpintero, escritor	*Some professions and occupations: philologist, shoemaker, tailor, baker, carpenter, writer*
Títulos académicos: bachiller, licenciado, arquitecto, ingeniero, médico, abogado	*Academic degrees: high school graduate, bachelor's degree, architect, engineer, doctor, lawyer*
Carreras académicas: medicina, historia, derecho, arquitectura, filología, veterinaria	*Degree courses: medicine, history, law, architecture, philology, veterinary science*

≋ Note ≋

Most names of university degrees, trades, and professions—except those that end in **-a** for both masculine and feminine—have a feminine form in Spanish (*licenciada, arquitecta, ingeniera, escritora, abogada*, etc.). These will be used in context.

EXERCISE 2

Define the following words.

1. medicina _____

2. carpintería _____

Note the similarities between the names for the following degrees or training courses and their respective professions:

CARRERA / PROFESIÓN	TRAINING / PROFESSION
medicina / médico/a	*medicine / doctor*
carpintería / carpintero/a	*carpentry / carpenter*
historia / historiador(a)	*history / historian*
geografía / geógrafo/a	*geography / geographer*

EXERCISE 3

Complete the following pairs with the name of the profession according to the degree.

1. psicología / _____

2. matemáticas / _____

3. lingüística / _____

4. terapia / _____

Here are various items of information about a person. Write each item in its correct place in the CV on page 23.

- 914509190
- Premio al proyecto urbanístico: centros comerciales y bienestar social. Barcelona. 1998.
- Magíster en Administración de Empresas. Universidad Autónoma de Madrid. Madrid. 2000.
- Alberto González Correa
- Española
- Licenciado en arquitectura. Universidad Complutense. Madrid. 1996.
- 06-17-1973 Oviedo. España.
- "Las zonas de pobreza de Madrid". Editorial Tercer Mundo. Madrid. 2001.
- beto@ptr.es
- Arquitecto asociado. Sociedad mixta de diseño y gestión. Madrid. 4 años. 1996–2000.
- Premio: "arquitectos jóvenes promesas". Ayuntamiento de la comunidad de Madrid. 1997.
- "Necesidades de los habitantes de las pequeñas ciudades". Editorial Tercer Mundo. Madrid. 2002.
- Calle Villamil 21 1a. C.P. 28040 Madrid
- "Recuperación del casco antiguo". Ponente. Universidad de Oviedo. 1999.
- "El crecimiento de la ciudad y su armonía". Ponente. Barcelona. 2001.
- "Desarrollo de procesos urbanos habitables". Universidad Autónoma de Madrid. Auxiliar de investigación.

Nombre y apellidos
Dirección
Teléfono
E-mail
Lugar y fecha de nacimiento
Nacionalidad

Formación académica

Experiencia laboral

Participación en seminarios y proyectos de investigación

Publicaciones

Otros méritos

EXERCISE 5

Correct the punctuation and capitalization errors in the following CV.

Pilar Galofre Santos
Palmas 317 cp 10600. México. D.F.
Teléfono: 6683506
Lugar y fecha de nacimiento: 11-6-1975, México. D.F.
Nacionalidad: Mexicana

Formación académica
Licenciada en español-inglés. universidad autónoma de méxico. 1998.
Especialista en traducción. colegio de México. 2000.

Experiencia laboral
Profesora de inglés. gimnasio Moderno. México. d.f. 1998–2001

Participación en seminarios y proyectos de investigación
La traducción: historia y perspectivas. Asistente. Universidad de salamanca.
españa. 2001.

Publicaciones
Las frases de cortesía en español e inglés. Universidad Autónoma de
México. México. D.F. 1999.

⦚ Remember ⦚

The word following a period begins with a capital letter. For example:

"Desarrollo de procesos urbanos habitables". Fundación para
la vivienda popular. Bogotá, Colombia. 1998. Investigador
principal.

EXERCISE 6

Imagine an opening for a job in Madrid that you would like to apply for, and write your CV. Decide what information you want to include, keeping in mind the needs mentioned in the job advertisement. Present your information in an organized manner, emphasizing the points that could convince the reader of your qualifications. Be sure to include the following:

1. Personal data: name and last name(s), date and place of birth, nationality, current address and telephone number.

2. Education: names and dates of degrees and names of institutions where conferred.

3. Research projects: titles of projects, name of institution, length of time spent, extent of your participation.

4. Participation at seminars, conferences, courses, and other professional meetings: name of the event, extent of your participation, name of organization you represented, date and place of event.

5. Work experience: job title, place of employment, length of employment.

6. Publications: title, publisher, city where published, and date of publication.

Here are a few more tips for preparing job applications in a Spanish-speaking country:

- Print your CV in a clear, standard typeface or font.
- Include a recent photograph of yourself.
- Don't include false information.
- Give objective information and do not exaggerate.
- Be neither humble nor arrogant.
- Don't provide more than the necessary information.

The Autobiography

An autobiography is an essay that describes the most important aspects of your life, such as your age, where you are from, where you live, what you are like, and what you do.

You write an autobiography when you want others to get to know you a little better, for example, in a company newsletter or even for online dating.

An Example

Me llamo Juan. Tengo 32 años. Soy moreno, de ojos negros y pelo negro. Mido 1.75 m. Soy alegre, sincero y muy responsable. Soy casado y tengo un niño de un año. Soy colombiano pero actualmente vivo en Francia ya que estoy haciendo un doctorado en arquitectura urbana. Estoy feliz de estar en este hermoso país. Me encanta viajar: he ido a España, México, Cuba, Austria, Suiza y Alemania. Aún me falta mucho por conocer. Eso sí, conozco bastante mi país y digo que es uno de los más bellos que he visto.

EXERCISE 7

Answer the following questions about the example.

1. ¿En qué país nació Juan? (*What country was Juan born in?*)

2. ¿Juan es más alto o más bajo que tú? (*Is Juan taller or shorter than you?*)

3. ¿Ha ido Juan a los Estados Unidos? (*Has Juan ever been in the United States?*)

EXERCISE 8

Give the meaning of the following words.

1. alegre _____

2. sincero _____

3. responsable _____

EXERCISE 9

Fill in the blanks according to the example.

EXAMPLE   Una persona ___*ambiciosa*___ quiere poder, riqueza o fama.

1. Una persona _____ tiene una gran imaginación.

2. Una persona _____ ofrece cariño o afecto a los demás.

3. Una persona _____ tiene mucha fuerza.

4. Una persona _____ ha tenido una buena educación.

Vocabulary

This is the basic vocabulary commonly related to biographies and autobiographies:

ESPAÑOL	INGLÉS
¿Quién eres? Soy Juan.	*Who are you? I'm Juan.*
¿Dónde naciste? Nací en Colombia.	*Where were you born? I was born in Colombia.*
¿Cómo eres? Soy alto, moreno, delgado.	*What are you like? I'm tall, dark, slender.*
¿Qué haces? Trabajo / estudio / escribo.	*What do you do? I work / I study / I write.*
¿Cuáles son tus pasatiempos? Leer, dormir, nadar, cantar.	*What do you do in your spare time? Read, sleep, swim, sing.*

EXERCISE 10

Describe your best friend: talk about his/her physical appearance, personality, mood, what he/she does, what he/she likes and dislikes, where he/she is from, where he/she lives, etc.

Read the following two descriptions about the same person:

A Juan es alto, moreno, delgado, de ojos café; tiene unas pestañas largas y unas cejas abundantes. Su cara es alargada, su boca es pequeña y su nariz aguileña, en fin, es guapísimo. Además, es inteligente, sencillo, alegre y muy buen amigo.

B Juan es blanco, bajito, gordo, tiene unas pestañas muy largas y unas cejas con tanto pelo que parece un oso, sus ojos son de color café como los de todo el mundo, la boca es pequeña, casi no se le nota, su nariz es encorvada y su cara redonda; en fin, es feísimo. Además, es lento, presumido, triste y muy mal amigo.

EXERCISE 11

Find the similarities and differences between descriptions A and B.

EXERCISE 12

Answer the following questions about the previous descriptions.

1. ¿Quién tendrá razón? ¿El que hizo la descripción A o la B? (*Who could be right? The person who wrote description A or the one who wrote B?*)

2. ¿Podrían ambos tener razón? (*Could both of them be right?*)

3. ¿Qué elementos de la descripción A son opuestos en la descripción B? (*What elements in description A are the opposite of those in description B?*)

4. ¿Cómo hace la persona que hizo la descripción B para volver los aspectos positivos de la descripción A en negativos? (*How does the person who wrote description B turn the positive aspects in description A into negative ones in B?*)

EXERCISE 13

Following the example, change the positive descriptions into negative ones.

EXAMPLE   La boca es pequeña _casi no se le nota_.

1. Los ojos son grandes _____.

2. Es muy alto _____.

3. Es demasiado inteligente _____.

4. Es muy blanco _____.

EXERCISE 14

Correct the spelling and punctuation errors in the following autobiography.

Me llamo Pilar Galofre Santos. Tengo 26 años. Nací en México, en el Distrito

Capital. Soy profesora de inglés. me gusta mucho escribir. ver la televisión.

Ir al cine. Bailar. Jugar baloncesto y Pintar

≥ Remember ≥

The comma (,) (*la coma*) is used to separate elements in a series. For example:

Tengo 6 hermanos: María, Juan, Néstor, Ignacio, Pilar y Alfonso.

EXERCISE 15

A Spaniard wants to get to know you better and has asked you to write down the story of your life. In doing so, keep the following points in mind:

- name
- age
- nationality
- physical and personality descriptions
- civil status
- likes and dislikes
- job or student status
- other points you want to include

You can use some of the following expressions:

- Soy _____ = me llamo _____
- Actualmente vivo en _____
- Mi profesión es _____
- Mi color favorito es _____
- La música que más me gusta es _____
- Dedico parte de mi tiempo libre a _____
- Cuando era niño _____
- Recuerdo _____

Evaluate your sample CV (**Exercise 6**) and your autobiography (**Exercise 15**) using the following questions:

1. ¿El CV presenta toda la información necesaria? (*Does the CV present all the necessary information?*)

2. ¿El CV está organizado teniendo en cuenta los apartados: datos personales, educación, experiencia laboral, etc? (*Is the CV organized according to the headings in the models: personal data, education, work experience, etc.?*)

3. ¿Tu autobiografía te describe bien? (*Does your autobiography describe you properly?*)

4. ¿Escribiste oraciones completas y con sentido? (*Have you written in complete, meaningful sentences?*)

5. ¿La puntuación es correcta? (*Is your punctuation correct?*)

6. ¿La ortografía es correcta? (*Is your spelling correct?*)

If necessary, revise your CV (**Exercise 6**) or your autobiography (**Exercise 15**) according to your responses to the evaluation.

3

Applications and Cover Letters

In this unit, you will:

- Learn to write a cover letter for a job application
- Identify the major divisions of a letter
- Learn the vocabulary for opening and closing formal letters
- Review the rules for using the period and the comma correctly

Introduction

When applying for a job or other position, you will want to enclose a cover letter, in which you briefly explain your interest in the position as well as describe your qualifications.

An Example

Pilar is a mining engineer. She has written the following cover letter for her job application. Observe the divisions of the letter:

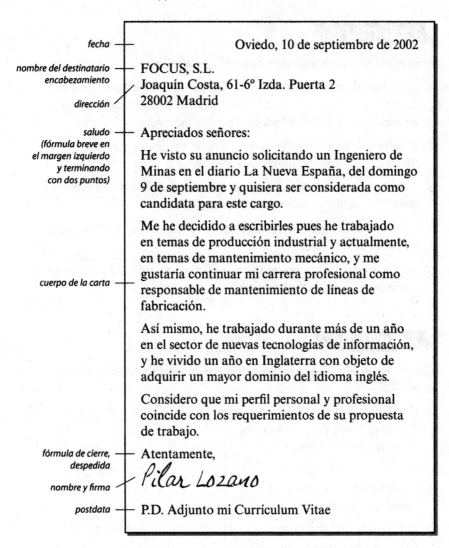

fecha —— Oviedo, 10 de septiembre de 2002

nombre del destinatario
encabezamiento
FOCUS, S.L.
Joaquín Costa, 61-6° Izda. Puerta 2
dirección 28002 Madrid

saludo
(fórmula breve en
el margen izquierdo
y terminando
con dos puntos)
Apreciados señores:

He visto su anuncio solicitando un Ingeniero de
Minas en el diario La Nueva España, del domingo
9 de septiembre y quisiera ser considerada como
candidata para este cargo.

Me he decidido a escribirles pues he trabajado
en temas de producción industrial y actualmente,
en temas de mantenimiento mecánico, y me
gustaría continuar mi carrera profesional como
responsable de mantenimiento de líneas de
fabricación.

cuerpo de la carta

Así mismo, he trabajado durante más de un año
en el sector de nuevas tecnologías de información,
y he vivido un año en Inglaterra con objeto de
adquirir un mayor dominio del idioma inglés.

Considero que mi perfil personal y profesional
coincide con los requerimientos de su propuesta
de trabajo.

fórmula de cierre,
despedida
Atentamente,

nombre y firma *Pilar Lozano*

postdata —— P.D. Adjunto mi Currículum Vitae

EXERCISE 1

Answer the following questions about the previous example.

1. ¿Qué partes de la solicitud de trabajo pueden ser importantes para que Pilar obtenga el trabajo? (*What sections of the cover letter could be important for Pilar's chances of getting the job?*)

2. ¿Cuáles son las principales partes de una solicitud de empleo? (*What are the major divisions of a cover letter?*)

3. ¿Qué frase utiliza Pilar para dirigirse al destinatario? (*What expression does Pilar use for greeting the addressee?*)

4. ¿Qué expresión utiliza para despedirse? (*What expression does she use for closing the letter?*)

5. ¿Qué información se presenta en el primer párrafo? (*What information is presented in the first paragraph?*)

EXERCISE 2

Complete the following chart with the corresponding sentences from Pilar's letter.

Enunciado para hacer referencia al anuncio del periódico	
Enunciado para expresar el interés por el trabajo	
Razones que expone Pilar para ser considerada como candidata	

EXERCISE 3

Write the months of the year in Spanish.

EXERCISE 4

Do you know other forms for opening and closing the cover letter for a job application in Spanish?

EXERCISE 5

Read the following advertisement and write the cover letter for a job application, taking into account the major divisions of the model letter.

Se precisa comercial para inmobiliaria nacional, zona de Madrid. Imprescindible experiencia en producto inmobiliario de la Costa Blanca (Alicante), disponibilidad de viajar y carnet de conducir. Interesados escribir al apartado de correos N. 5673. Muebles Prior

Vocabulary

Be sure to follow these conventions when writing cover letters for jobs in Spanish-speaking countries:

- The forms *Don* and *Doña* (Sir / Madam) and their abbreviations are used more in Spain than they are in Latin America. In Latin America more formal language is used in this type of letter. For example, instead of using *don* and *doña*, you might say *respetada señora, distinguido doctor*, or *estimado ingeniero*.

- If the addressee is a firm, company, or organization, expressions must be used in the plural form.

- If the letter is sent to a person whose name we do not know we use the title *Señor/a* (Mr. / Mrs. / Ms.).

- If we are writing to a person we don't know well, but whose name we know, we write the titles *Señor / Señora, Don / Doña* (Mr. / Mrs. / Ms.), or the title of his/her profession, *doctor, ingeniero*, etc. before his or her name.

Note the following expressions typically used to open and close the cover letter for a job application:

Expressions Used to Open a Formal Letter

ESPAÑOL	INGLÉS
Apreciados señores	*Dear Sirs*
Doña Sandra Gutiérrez	*Mrs. (Ms.) Sandra Gutiérrez*
Estimados señores	*Dear Sirs*
Distinguido señor	*Dear Sir*
Doctor José Mora	*Doctor José Mora*
Señora Teresa León	*Mrs. (Ms.) Teresa León*
Sr. Álvaro Becerra	*Mr. Álvaro Becerra*

Expressions Used to Close a Formal Letter

ESPAÑOL	INGLÉS
Atentamente	*Sincerely*
Le saludo atentamente	*Sincerely yours*
Cordialmente	*Regards*
Reciba un cordial saludo	*Yours faithfully*
Sin otro particular	*Yours faithfully*
En espera de su respuesta, quedamos a su disposición	*I look forward to hearing from you*
Agradeciendo de antemano su atención	*Thanking you in advance*

EXERCISE 6

María is an interior designer. The multinational furniture company Casa Linda is looking for a person to run the interior decoration department. María has written the following letter:

Lima, 7 de marzo del 2003

Estimados señores:

En relación con su oferta de trabajo, les manifiesto mi interés como profesional de decoración. Adjunto les remito mi currículum vitae.

A la espera de recibir sus noticias, les saluda atentamente,

María Santana

Note that the previous letter does not include María's qualifications for being considered as a good candidate. To complete it, write a paragraph with at least two sentences in which you mention her qualifications. Here are some excerpts from her CV:

Formación académica

• Licenciada en artes aplicadas. Universidad de Córdoba. España. 1998.
• Especialista en decoración. Escuela municipal de decoración. Avilés, España. 1999.
• Curso de diseño asistido por ordenador. Ifes, Sevilla. 2000.

Experiencia profesional

• Decoradora de interiores. 1998–2000. Cooperativa de arte y decoración. Mieres, España.
• Asesora en diseño de interiores para espacios juveniles. Ayuntamiento de Oviedo. 2000–2001.

The addressee's name and title do not appear in Maria's letter either. However, it is possible she doesn't know the individual's name or title because they were not included in the advertisement. If this is the case, it is acceptable to address the letter with *Estimados Señores* ("Dear Sirs") (without abbreviations).

EXERCISE 7

In the previous unit you prepared your CV. Now write a job application letter.
First, create an outline, keeping in mind the sections of a typical letter.
For the body of the letter, write at least two paragraphs. In the first, refer to
the advertisement and express your interest in the job. In the second, highlight
your qualifications. Include relevant information to support your application.
Remember, you must convince the addressee you are the perfect candidate
for the job.
   Here are some suggested elements for your sentences:

Primer párrafo

• Me dirijo a ustedes con referencia al anuncio publicado en...

• Quisiera ser considerado/a como candidato/a para este cargo.

• Me dirijo a usted para ofrecerle mis servicios.

Segundo párrafo

• Estudié _____.

• Trabajé en _____.

• Tengo conocimientos de _____.

⧼ Notes ⧽

- Use the first person: *estudié, trabajé*. Do not start with the third person: *trabaja, estudia*.

- Do not use the form *tú* for the addressee; use *usted, señor(a),* or *doctor(a)* because the form *tú* implies a personal relationship and an informal language/style.

- The word *doctor(a)* is commonly used as a title to refer to a person with a high position in a company (a president, a manager, a director, etc.) in some Spanish-speaking countries.

Review the conjugation of *-ar* verbs in the present and in the present perfect:

PERSONA GRAMATICAL	TIEMPO PRESENTE	PRESENTE PERFECTO
(yo)	trabajo	he trabajado
(tú)	trabajas	has trabajado
(él / ella / usted)	trabaja	ha trabajado
(nosotros/as)	trabajamos	hemos trabajado
(vosotros/as)	trabajáis	habéis trabajado
(ellos / ellas / ustedes)	trabajan	han trabajado

Now read the answer the company sent to Pilar Lozano:

Oviedo, 20 de septiembre de 2002

Estimada señorita Lozano:

Recibimos su solicitud del 10 de septiembre y nos complace informarle que estamos interesados en tener una entrevista con usted el próximo martes 24 de septiembre del presente año a las 10 a.m. en nuestras instalaciones de la calle Joaquín Costa. Si tiene alguna duda puede comunicarse conmigo a mi móvil 682901543.

Sin otro particular,

Mario Pardo

Jefe de Personal de FOCUS

EXERCISE 8

Answer the following questions about the previous letter.

1. Quién escribe la carta? (*Who wrote the letter?*)

2. ¿Para qué van a entrevistar a Pilar? (*What is the purpose of Pilar's interview?*)

3. ¿Qué frase se utiliza para hacer referencia a la carta que envió Pilar? (*What sentence refers to Pilar's letter?*)

4. ¿Qué frase se utiliza para dar una buena noticia o una respuesta positiva a una solicitud? (*What sentence shows that the answer to the application is positive?*)

Read the following typical expressions used to refer to a letter previously written.

ESPAÑOL	INGLÉS
Hemos recibido su carta del (+ fecha)	*We have received your letter dated . . .*
Obra en mi poder su carta del...	*I am in possession of your letter dated . . .*
Correspondiendo a su carta del...	*In reference to your letter of . . .*
En contestación a su carta del...	*In answer to your letter of . . .*
Acabamos de recibir su carta y...	*We have just received your letter and . . .*

And if you are successful, here are some expressions used to give good news or a positive answer to an application:

ESPAÑOL	INGLÉS
Nos alegramos de poder anunciarle que...	*We are pleased to tell you that . . .*
Nos es muy grato poner en su conocimiento que...	*We are happy to inform you that . . .*
Es una satisfacción para nosotros comunicarle que...	*We are very pleased to let you know that . . .*

Letters of Introduction

A letter of introduction introduces a job applicant to a potential employer. The individual writing the letter must explain his or her relationship to the applicant as well as the applicant's goals and qualifications.

An Example

Silvia wants to apply for a scholarship abroad and she has asked the chair of her department to introduce her to the scholarship director:

Bogotá, junio 18 del 2002

Profesora
MARIA TERESA HERNÁNDEZ
Directora
Becas de postgrado
División de Investigación
Universidad Autónoma de Barcelona

Estimada profesora Hernández:

La presente tiene por objeto presentarle a la señorita Silvia Bolaños, quien es profesora del departamento de psicología del cual soy director.

Ella está interesada en realizar un doctorado en Psicolingüística pero sus ingresos no son suficientes para sostenerse en el extranjero. Por esta razón, desea optar a las becas que ustedes ofrecen a los estudiantes extranjeros.

La profesora Bolaños fue la primera de su promoción y su tesis de pregrado obtuvo la mención de laureada. Posteriormente hizo un master en lingüística española en la Universidad Complutense de Madrid.

Teniendo en cuenta este perfil académico, me he tomado el atrevimiento de escribirle para recomendarla ante usted. Puedo asegurarle que si obtiene esa beca sacará el máximo provecho de ella.

Le agradezco de antemano su colaboración.

Cordialmente,

Rubén Garzón

Director
Departamento de Psicología
Universidad de Georgetown

EXERCISE 9

Answer the following questions.

1. ¿Quién escribe la carta? (*Who wrote the letter?*)

2. ¿Para qué se señala que "La profesora Bolaños fue la primera de su promoción y su tesis de pregrado obtuvo la mención de laureada"? (*What is the purpose of the following statement:* "La profesora Bolaños fue la primera de su promoción y su tesis de pregrado obtuvo la mención de laureada"?)

3. ¿Qué expresión se emplea para despedirse? (*What expression is used to close the letter?*)

4. ¿Qué quiere conseguir Rubén con esta carta? (*What does Rubén want to achieve with this letter?*)

EXERCISE 10

Complete the body of the following letter as you think appropriate.

Respetados señores:

La presente tiene por objeto presentarles a la señorita

_____ con quien hemos _____.

La señorita _____ visita México para

_____ y nos sentiríamos muy

agradecidos si colaboraran con ella para llevar a cabo su tarea.

Vocabulary

Read the answer to the letter Rubén Garzón sent.

Barcelona, julio 12 del 2002

Profesor
Rubén Garzón
Director Departamento de Psicología
Universidad de Georgetown

Estimado profesor:

Acabamos de recibir su carta en la cual nos recomienda a la profesora Bolaños. Sin embargo, aunque nos gustaría mucho que ella estuviera con nosotros, lamentamos informarle que para el próximo año ya han sido concedidas las becas que nuestra universidad ofrece. Si la profesora Bolaños desea participar para el período 2003–2004, debe hacernos llegar su solicitud antes del 30 de mayo del 2003.

Cordial saludo,

María Teresa Hernández

Directora
Becas de postgrado

In this letter Rubén Garzón's request on behalf of Silvia Bolaños was rejected. There is an initial reference to his letter, then the writer politely expresses her interest in Rubén's request. But finally the request is refused with the expression *lamentamos informarle que...* (we regret to inform you that . . .).

Here are other expressions you may find in a rejection letter:

ESPAÑOL	INGLÉS
Lamentamos informarle que... / Lamento decirle que... / lamentablemente no es posible...	*We regret to inform you that . . . / I am sorry to have to inform you that . . . / Regrettably it is not possible . . .*
Siento informarle que... / Siento decirle que...	*I am sorry to inform you that . . . / I am sorry to tell you that . . .*
Nos gustaría mucho... pero...	*We would very much like . . . but . . .*
Acabamos de recibir su carta pero...	*We have just received your letter but . . .*

EXERCISE 11

Do you remember María's letter from Exercise 6 of this unit? Imagine you are the personnel manager of the company Casa Linda. You respond to her with a negative answer.

EXERCISE 12

Fill in the shaded boxes in the following letter with the appropriate punctuation marks.

Sevilla, febrero 13 del 2003

Señores
Sociedad Argentina de la Tercera Edad
Calle Villamil 21 1.d
C.P. 33049

Estimados señores:

Por medio de la presente les pido■ respetuosamente■ que consideren el nombre del señor Carlos Durán para recibir la ayuda económica que ustedes están ofreciendo■

El señor Durán tiene 60 años y está desempleado desde hace cinco años ya que nadie quiere contratarle por su edad■ No tiene ningún tipo de ingreso y está pasando por una situación muy mala■

Por lo tanto■ les agradecería cualquier tipo de ayuda que puedan darle■

Cordialmente■

Ciro Ramos

Párroco de Pumarín

⋛ Remember ⋚

• The comma is used to separate a digression from the remainder of the sentence. For example:

    me dirijo a usted, con todo respeto, para.

• The expression *con todo respeto* is a polite phrase that interrupts the central idea of the sentence, thus it is included between commas. All other explanations or clarifications that interrupt the discourse are treated the same way.

- The comma is also used before a verb that introduces a new clause. For example:

  > Cuando reciba esta carta, avísame. (Avísame cuando recibas esta carta.)

  Note that the version of this sentence in parentheses does not require a comma.

EXERCISE 13

Imagine that an acquaintance of yours owns a large chain of hotels. One of your cousins has just finished a degree in hotel management and tourism, and he's looking for a job. Introduce your cousin to the hotel owner. Explain your relationship to the person you are introducing, who he is, what he wants to do, and thank your friend in advance for his help.

Evaluate the letter you prepared (**Exercise 13**) using the following questions:

1. ¿Tuviste en cuenta todas las partes de una carta? (*Did you take into account all the necessary parts of a letter?*)

2. ¿Utilizaste las expresiones adecuadas para dirigirte al destinatario y para despedirte? (*Did you use the appropriate expressions for opening and closing the letter?*)

3. ¿Utilizaste las formas verbales adecuadas? (*Did you use the correct verb forms?*)

4. ¿Lograrás conseguir lo que quieres? (*Do you believe you will obtain the desired results?*)

5. ¿Empleaste adecuadamente la coma y el punto? (*Did you use the comma and the period correctly?*)

If necessary, revise your letter in response to your own evaluation.

EXERCISE 14

Change the following letter with a positive answer into one with a negative response.

Buenos Aires, mayo 17 del 2003

Señor
Julián Ardila
La ciudad

Estimado señor:

En relación con su carta del 29 de abril, me es grato poner en su conocimiento que su perfil académico y laboral cumple con los requisitos que estamos buscando para un asesor financiero. Por lo tanto, lo invitamos a que continúe participando en el proceso de selección y que asista a las pruebas nemotécnicas que se realizarán el día 21 a las 2 p.m. en la sala de juntas.

Sin otro particular,

Teresa Suárez
Vicepresidenta Comercial

EXERCISE 15

Conjugate the following verbs in the present, the preterite, and the present perfect (with the auxiliary haber*):* lamentar, agradecer, recibir, sentir.

EXERCISE 16

Write a period (.) or a comma (,) in the shaded boxes below as necessary.

Reducción de la Jornada Laboral

El tema del presente trabajo es la reducción de la jornada laboral de 40 a 35 horas semanales■ Por tanto■ a lo largo de él se tratará de resolver cuestiones como: ¿qué característica tiene esta reducción?■ ¿cuál es el origen de esta idea?■ ¿cómo se ha presentado en la Unión Europea (UE)?■ ¿cómo se ha tomado y llevado a cabo en España?■ ¿qué opinan los diferentes agentes sociales involucrados en esta decisión?

El objetivo que nos proponemos es■ entonces■ dilucidar de manera general esta temática para que el lector se haga una idea lo más completa posible en relación con ella■ Como se verá■ en el desarrollo del trabajo■ hay argumentos en pro y en contra de este planteamiento y hay argumentos que apoyan la viabilidad del proyecto y otros que la cuestionan■ No es nuestro propósito inclinarnos por ninguna posición sino presentar la información de manera objetiva para que sea el lector mismo quien tome sus propias posturas■

Una característica esencial de la idea de la reducción de la jornada laboral es que no implica una disminución del salario ni un desmejoramiento de las condiciones de vida de los empleados, sino una forma de generar empleo■ Esta medida implica una ayuda del estado a las empresas que la fomenten, ayuda que se traduce en reducción de impuestos y ayuda económica■

4

Greeting Cards and Postcards

In this unit, you will:

- Learn to write personal notes on cards and postcards
- Learn the vocabulary and specific terms that apply to this type of writing
- Review the rules for using the colon (:)
- Use relative clauses correctly
- Review sentence structure

Postcards

After you've used the skills you learned for writing CVs and cover letters to win that coveted university spot or the perfect job, you'll want to send postcards to your friends and relatives from your new location.

An Example

Sara is traveling around Europe. She has sent the following postcard:

Mi amor:

Estoy en Santiago de Compostela, una pequeña ciudad en el noroeste de España. En su catedral, de estilo románico, se encuentran los restos del apóstol Santiago; por esto ha sido siempre uno de los centros de peregrinación más importantes de Europa. Estoy muy contenta de estar acá.

Un abrazo muy fuerte. Hasta la vuelta.

Sara

EXERCISE 1

Answer the following questions about the example.

1. ¿Cómo describe Sara la ciudad y la catedral? (*How does Sara describe the city and the cathedral?*)

2. ¿Cómo se siente ella en esta ciudad? (*How does she feel in that city?*)

3. ¿Qué información suele aparecer en una postal? (*What information usually appears on a postcard?*)

4. ¿A quién va dirigida la postal? (*To whom is the postcard addressed?*)

5. ¿Cómo se despide? (*How does she say good-bye?*)

Vocabulary

This is the vocabulary used in postcard notes:

ESPAÑOL	INGLÉS
¿Qué es?: una ciudad, un monasterio, un camino, una iglesia, una montaña, un valle, un castillo, una catedral, una villa, una fuente, etc.	*What is it? a city, a monastery, a road, a church, a mountain, a valley, a castle, a cathedral, a town, a fountain, etc.*
¿Dónde está ubicado/a?: al lado de, a la izquierda, a la derecha, frente a, detrás de, a las afueras, en la avenida, en la calle..., cerca de, próximo/a, en, debajo de, más allá de, etc.	*Where is it located? by the, to the left, to the right, across from, behind, on the outskirts, on the avenue . . . , in the street . . . , near, next to, in, on, at, under, further away than, etc.*
¿Cómo es? Es bonito, es grande, de estilo gótico, antiguo, original, sombrío, angosto, verde, alto, etc.	*What is it like? It is beautiful, it is big, it is Gothic style, ancient, original, somber, narrow, green, high, etc.*
¿Qué partes se pueden describir? La fachada, la puerta, la escalera, la torre, el interior, la planta baja, la sala central, las esculturas, las pinturas, los retablos, las criptas, el paisaje, la biblioteca, los íconos, el primer plano, el fondo, etc.	*What parts can be described? The façade, the door, the stairs, the tower, the inside/interior, the ground floor, the main room, the sculptures, the paintings, the altarpieces, the crypts, the landscape, the library, the icons, the first floor, the back, etc.*
Descripción del estado anímico de una persona: me encuentro muy bien, estoy feliz, estoy un poco triste, te extraño, te necesito.	*Description of a person's mood: I am fine, I am happy, I am a little sad, I miss you, I need you.*

≋ Remember ≋

To describe a person, an animal, a place, or an object you can use adjectives such as big (*grande*), somber (*sombrío*), old (*viejo*), intelligent (*inteligente*), and so on, or you can use explanatory relative clauses, as follows:

Manuel Castro, **quien es muy inteligente**, obtuvo el premio de la academia.
Manuel Castro, who is very intelligent, was awarded the academy's prize.

Los perros, **que son muy buenos amigos del hombre**, viven pocos años.
Dogs, which are very good friends of man, live only a few years.

Las murallas, **que están ubicadas en el casco antiguo**, son romanas.
The walls, which are located in the old quarter, are Roman.

La biblioteca, **que fue construida en el siglo IX**, es de estilo pre-románico.
The library, which was built in the ninth century, is pre-Roman style.

You can also use defining (adjectival) relative clauses. Note that the adjectival clauses in the following examples are not separated by commas.

El retablo **que muestra la muerte de Cristo** desapareció. (Solamente desapareció el retablo que muestra la muerte de Cristo y no otro u otros.)
The altarpiece that shows Christ's death disappeared. (Only the altarpiece that shows the death of Christ disappeared, no other or others.)

Los cuadros **que fueron hechos por Goya** son de un valor incalculable (sólo los cuadros hechos por Goya).
The paintings that were painted by Goya are priceless (i.e., only Goya's paintings).

El museo **que contiene las joyas de la corona** es hermoso (sólo el que contiene las joyas de la corona).
The museum that contains the crown jewels is beautiful (i.e., only the one with the crown jewels).

Las familias **que tienen más de tres hijos** reciben una ayuda del estado (sólo las familias que tienen más de tres hijos).
Families that have more than three children receive help from the state (i.e., only families with more than three children).

EXERCISE 2

Describe your favorite place. Present its most important and interesting characteristics.

EXERCISE 3

Complete the following sentences with adjectival clauses.

1. Me gustan los pueblos que _____.

2. La escalera que _____ está hecha en mármol.

3. La puerta que _____ es la más antigua de la ciudad.

4. Visité las islas que _____.

Complete the following sentences with explanatory relative clauses.

5. Las torres, que _____, fueron hechas en el siglo III A.C.

6. El monasterio, que _____, es el centro de la ciudad antigua.

7. Las fuentes, que _____, adornan la ciudad.

8. Las avenidas, que _____, son demasiado estrechas.

EXERCISE 4

Complete the following postcard.

Querida hermana:

Estoy en _____,

un _____

_____.

Me gustaría _____

_____.

Eduardo

EXERCISE 5

You have made a Latin American friend through the Internet. Send him or her a postcard of your city to show where you live. In the description be sure to include the following items:

1. ¿Dónde está ubicada? ¿Cerca de qué sitios se encuentra? (*Where is it located? What places are nearby?*)

2. ¿De qué está rodeada? (*What is it surrounded by?*)

3. ¿Cómo es?: extensión, características físicas. (*What is it like? size, physical characteristics.*)

4. ¿Qué lugares bonitos e importantes tiene? (*What beautiful and important places does it have?*)

⩘ Remember ⩗

Polite greetings that open letters, cards, and notes end with a colon (:) (*dos puntos*):

> Querido amigo:

A colon is also used:

- Before giving examples.

> Las ciudades españolas que he visitado son: Santiago de Compostela, Madrid, Barcelona y Oviedo.

- To introduce a direct quotation.

> El presidente dijo: "ahora o nunca".

- To exemplify or explain something or a series of things you have mentioned before.

> Describe tu ciudad: lugares bonitos, personas, fiestas importantes, etc.

Cards

There are also occasions when you will send a handwritten message for some special event: to express congratulations, to extend an invitation, or to express your gratitude with a thank-you note. It's easy to forget to mention the specific reason you're writing, so be sure to remember to include it.

An Example

Sandra lives in Spain. Her North American friends have sent her congratulations.

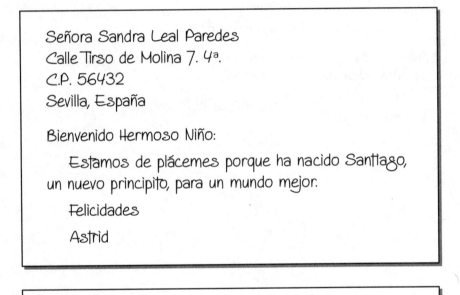

Señora Sandra Leal Paredes
Calle Tirso de Molina 7. 4ª.
C.P. 56432
Sevilla, España

Bienvenido Hermoso Niño:

    Estamos de plácemes porque ha nacido Santiago, un nuevo principito, para un mundo mejor.

    Felicidades

    Astrid

    De todas las maravillas del mundo, no hay nada más grandioso que la felicidad de tener un bebé.

    Muchas felicidades

    Graciela

Santiago: nos encantará conocerte y poder consentirte un poquito. Nos alegramos mucho por tu venida al mundo.

Un beso de tu tía Virginia.

EXERCISE 6

Answer the following questions about the example.

1. ¿Quiénes enviaron la tarjeta? (*Who sent the card?*)

2. ¿Cuál es el motivo de la tarjeta? (*What is the reason for sending the card?*)

3. ¿Quién es Santiago? (*Who is Santiago?*)

4. ¿Qué se quiere expresar por medio de la palabra "felicidades"? (*What is expressed by the word "felicidades"?*)

5. ¿Qué información se pone en el sobre de la tarjeta? (*What information must be included on the envelope?*)

Vocabulary

Typical phrases used in writing cards are given below.

ESPAÑOL	INGLÉS
Tarjetas de felicitación: te felicito por..., me alegro mucho por ti, me alegro de que (+ verbo en subjuntivo), reciban nuestras más cordiales felicitaciones, queremos felicitarlas por..., enhorabuena.	Congratulatory cards: congratulations on..., I am happy for you, I am happy about (verb in subjunctive form), please accept my warmest congratulations, we want to congratulate you on..., congratulations.
Tarjetas de agradecimiento: te doy las gracias por, te agradezco mucho..., les quedamos muy agradecidos por..., muchas gracias.	Thank-you cards: thanks for, thank you very much for..., we are very grateful for..., thanks a lot.
Tarjetas de invitación: los invito a..., me place (me agrada) invitarlos a..., nos gustaría que usted..., nos permitimos invitarles a..., nos sentiríamos muy complacidos si usted puede acompañarnos a...	Invitations: we invite you to..., I am pleased to invite you..., we would like you..., we invite you to..., we would be very pleased if you could join us to...

EXERCISE 7

Felipe has just received his diploma as a professional chef. Write him a congratulatory note.

EXERCISE 8

Sandra (the new mother, see page 62) has sent the following thank-you card to her friends:

Queridas amigas:

Me encantó recibir vuestra tarjeta. Os agradezco mucho este lindo detalle.

Sandra

Note that Sandra's card does not contain any mistakes but it is short, rather plain, overly succinct, perhaps too direct. Rewrite Sandra's message, making it longer and fuller. What other things could Sandra say to her friends? Write at least two more sentences.

≷ Remember ≷

A sentence is a linguistic structure composed of a subject and a predicate. It expresses a complete idea that can be a statement, a negative sentence, a question, an order, a wish, etc. A sentence can be simple or compound. A simple sentence is one with only one verb and one subject, such as the following:

> El presidente de la república decretó el estado de emergencia a causa de las inundaciones.
> *The President of the Republic declared a state of emergency due to the flooding.*

> Los extranjeros son bien recibidos en Bolivia.
> *Foreigners are well received in Bolivia.*

A compound sentence expresses more than one idea and has more than one verb. There are two types of compound sentences:

Coordinate Sentences   When two or more simple sentences are joined by a connector or conjunction such as *y, ni, pues, porque, pero,* etc.:

> Germán Espinosa escribió "La tejedora de coronas" **y** obtuvo un importante premio internacional.
> *Germán Espinosa wrote "La tejedora de coronas" and won an important international prize.*

First clause: Germán Espinosa escribió "La tejedora de coronas"
Second clause: obtuvo un importante premio internacional

> Fernando Botero es un escultor generoso **pues** donó parte de su colección privada a los colombianos.
> *Fernando Botero is a generous sculptor as he donated part of his private collection to the Colombian people.*

First clause: Fernando Botero es un escultor generoso.
Second clause: donó parte de su colección privada a los colombianos.

Subordinate Sentences   In these sentences two or more ideas are expressed; hence, each sentence has more than one verb. Furthermore, these sentences present a dependent relationship between a principal element and a subordinate element (clauses).

There are two types of subordinate clauses: those dependent on a noun and those dependent on a conjugated verb. Clauses that depend on a noun are called *relative clauses*:

Los libros **que produce McGraw-Hill** son interesantes.
Books produced by McGraw-Hill are interesting.

In this compound sentence there are two ideas: *los libros son interesantes* and *McGraw-Hill produce libros*. The relative clause is: *que produce libros*. This clause is subordinate to the noun *libros*.

Clauses dependent on a verb function as the subject, or as the direct, indirect, or adverbial object of the principal verb:

Reír con frecuencia es bueno para la salud.
Laughing frequently (Frequent laughter) is good for your health.

Sentence = verb + predicate. Subordinate clause: *reír con frecuencia*. This clause functions as the subject of the verb *to be*.

Las familias latinoamericanas dicen **que el salario mínimo no les alcanza para nada**.
Latin-American families say that minimum wage earnings are not at all sufficient for them.

Sentence = subject + verb + clause (direct object). The subordinate clause is: *el salario mínimo no les alcanza para nada*. This clause depends on the verb *decir* and functions as the direct object of the verb.

El gobierno ofrece garantías **a quienes cumplen las leyes**.
The government provides guarantees to whoever obeys the laws.

Sentence = subject + verb + direct object + clause (indirect object). The subordinate clause is: *a quienes cumplen las leyes*. It is the indirect object of the verb *ofrecer*, while *garantías* is the direct object of the verb.

Los empleados oficiales realizaron una huelga general **para protestar por la pérdida de sus derechos**.
The office workers went on a general strike to protest the loss of their rights.

Sentence = subject + verb + direct object + clause. The subordinate clause is: *para protestar por la pérdida de sus derechos*. It is the adverbial object of the verb *realizar*. The direct object of the verb is: *una huelga general*.

EXERCISE 9

Transform Sandra's postcard from Exercise 8 into a letter. Use coordinate and subordinate sentences.

Now read the following invitation:

> Editorial _____
>
>   Tenemos el gusto de invitarlo a la ceremonia de premiación del concurso de cuento que esta casa editorial celebra anualmente. La entrega de premios se realizará el viernes 23 de agosto en el auditorio "León de Greiff" a las 5 p.m.
>
>   Por favor, confirme su asistencia.
>
>   Editor general

When someone invites us to an event, we can accept or refuse the invitation. If we accept we use expressions such as:

> Con gusto asistiré a este importante evento.
> Confirmo mi asistencia a...
> Estoy encantado/a de asistir a...
> Le manifiesto mi interés de asistir a...

To refuse an invitation we use expressions such as:

> Siento mucho no poder asistir a este importante evento
>   pero... (+ razones) / porque... (+ razones).
> Lo siento pero...
> Me encantaría asistir a este acto pero...
> Me gustaría pero...
> Perdona...
> Lo lamento...
> Le ruego me disculpe.

It is important to mention the reason why we cannot attend the event.

EXERCISE 10

Write an acceptance and a refusal for the invitation on page 68.

EXERCISE 11

*Write a congratulatory note, an invitation, or a thank-you card to a friend
or relative.*

≷ Remember ≷

In Spanish, the word following a colon (:) (*dos puntos*) begins with a
lowercase letter, except if you are quoting a text that in the original
starts with a capital letter, or if the following paragraph is written on
the next line:

> Querido amigo: estoy en Sevilla...

> Respetado señor:
> Le envío...

Now evaluate what you've written in this unit using the following
questions:

1. ¿Has descrito tu ciudad de una manera objetiva y a la vez
interesante? (*Did you describe your city in an objective and interesting
way?*) (**Exercises 2, 5**)

2. ¿Has escrito los datos completos del destinatario en las tarjetas y
postales? (*Did you write all the necessary information regarding the
addressee on the cards and postcards?*) (**Exercises 4, 5**)

3. ¿Has empleado el vocabulario adecuado? (*Have you used suitable
vocabulary?*)

4. ¿Se sabe quién envió los textos? (*Can you tell who sent the cards?*)

5. ¿Has utilizado en tus escritos oraciones simples y compuestas?
(*Have you used both simple and compound sentences in your cards and
postcards?*)

Use your responses to the above questions to help you revise your
writing.

EXERCISE 12

Read the following invitation, and answer it confirming your acceptance and thanking the individual who invited you.

Medellín, 15 de diciembre del 2002

Señora
Carmen Palacios
Directora del Instituto Chileno de Cultura

Respetada señora:

El próximo 10 de enero tendremos en nuestro museo la colección del pintor español Pablo Picasso prestada por el museo Pablo Picasso de Barcelona, España. En esta colección se muestran las obras de la primera etapa de la producción pictórica del pintor. Se trata de una muestra única por su valor artístico e histórico.

Me complace invitarla a la sesión inaugural donde no sólo podrá contemplar la obra sino también escuchar la conferencia "Picasso: un maestro en espiral", del investigador chileno Jorge Osorio.

Espero que pueda acompañarnos a este importante acto.

Cordialmente,

Rubén Castro

Director
Museo de Bellas Artes de Chile

EXERCISE 13

Insert a colon (:) where necessary.

Hola Juanita,

Hoy hemos ido al zoológico y hemos visto los siguientes animales: búfalos, llamas, gallinas, caballos, patos, cabras y ovejas. Es un zoológico pequeño y por eso no hay más animales. Felipe estaba feliz con el paseo; en cambio Julián dijo "¡He visto más animales por la televisión!"

EXERCISE 14

Complete the following sentences with subordinate clauses.

Los museos son una extraordinaria invención del hombre. Allí están guardadas y preservadas las manifestaciones más importantes de un pueblo o de un grupo de personas destacadas.

_____ es como iniciar un largo viaje por la vida humana. Por ejemplo, si visitas un museo etnográfico te das cuenta de que _____

_____.

Para mi los museos que _____ son los mejores pues viendo las obras de un mismo artista puedes entender su estilo y su forma de interpretar la realidad.

¡Definitivamente no hay ningún lugar mejor para aprender que un museo!

5

Ads and Personal Correspondence

In this unit, you will:

- Learn to write advertisements and personal notes
- Identify vocabulary related to offers and requests
- Use connectors correctly
- Review how to give orders with the imperative forms

Advertisements

In our daily lives, we are continually inundated with advertising, but being so accustomed to it doesn't necessarily mean that we're able to compose ads easily ourselves. How do we write ad copy to find or sell an item, a product or service, or to find or to rent living or office space?

An Example

Raquel posted the following ad in several places around the city:

Comparto piso nuevo, amueblado, amplio, bien iluminado, silencioso, cerca de dos líneas de metro y una línea de autobús. Zona centro.
180 euros mensuales, comunidad y agua incluidas. Llamar al 60587423 en la noche. Raquel

EXERCISE 1

Answer the following questions about the example.

1. ¿Qué quiere lograr Raquel con este aviso? (*What does Raquel want to accomplish with this advertisement?*)

2. ¿Qué significa piso amoblado? (*What is the meaning of* "piso amoblado"?)

3. ¿Por qué dice Raquel "cerca de dos líneas de metro y una línea de autobús"? (*Why does Raquel say:* "cerca de dos líneas de metro y una línea de autobús"?)

4. ¿Sabes qué significa "comunidad"? (*Do you know the meaning of* "comunidad"?)

5. ¿Qué significa "comunidad y agua incluidas"? ¿Para qué dice ella esto? (*What is the meaning of* "comunidad y agua incluidas"? *Why does she say that?*)

EXERCISE 2

Write the antonyms (opposites) of the following words.

1. nuevo _____

2. iluminado _____

3. silencioso _____

4. amplio _____

EXERCISE 3

Imagine that Raquel is going to put an advertisement in a newspaper but she has to eliminate some words; the ad is getting too expensive. Rewrite the ad to help Raquel make it shorter.

EXERCISE 4

Complete the following sentences according to the example.

EXAMPLE   Un objeto __grande__ tiene gran tamaño.

1. Un animal _____ tiene cuatro patas.

2. Un objeto _____ tiene gran peso.

3. Un animal _____ vive cerca al hombre.

4. Un objeto _____ posee belleza.

Vocabulary

Here is some vocabulary used for offers and requests.

VENTAS (ESPAÑOL)	SALES (INGLÉS)
Vendo / Vendemos	I sell / We sell
Vende / Se vende	He/She sells / For sale
Ofrezco / Ofrecemos	I offer / We offer
Ofrece / Se ofrece	He/She offers / Offered

COMPRAS	PURCHASES
Busco / Buscamos	I look for / We look for
Busca / Se busca	He/She wants / Wanted
Necesito / Necesitamos	I need / We need
Necesita / Se necesita	He/She needs / Required

For selling or buying, use one of three constructions: the first person of the verb (singular or plural)—that is, the *yo* or *nosotros* forms without the subject pronouns, the third person (*él, ella*), or the impersonal form with the pronoun *se*. The first person is used when you want to emphasize a direct relationship between seller and buyer, the third person if the emphasis is on the seller, and the impersonal form if the emphasis is given to the product or service that is going to be sold.

Ventas

Primera persona

Vendemos apartamento bien ubicado.
We're selling a well-located apartment.

Tercera persona

Señor vende apartamento bien ubicado.
Gentleman selling well-situated apartment.

Impersonal

Se vende apartamento bien ubicado.
Well-situated apartment being sold.

Compras

Primera persona

Busco (o Buscamos) apartamento en la zona de Cuatro
Caminos.
*I am (or We are) looking for an apartment in the Cuatro Caminos
area.*

Tercera persona

Señora busca apartamento en la zona de Cuatro Caminos.
Female looking for apartment in the Cuatro Caminos area.

Impersonal

Se busca apartamento en la zona de Cuatro Caminos.
Wanted: Apartment in the Cuatro Caminos area.

EXERCISE 5

Change the following advertisements to the impersonal form.

Empresa de limpieza necesita limpiadores menores de 30 años para Avilés y Cuenca. Apartado 789 Avilés.

Vendo tres terneras. 872188987

Necesitamos camarero con experiencia para trabajar en cafetería. 93567421

EXERCISE 6

Imagine your pet is lost. Write a description of it for the poster you'll put up around your neighborhood. Be sure to include the following details: size, color, breed, shape, other special features.

⩙ Remember ⩙

An adjective following a noun defines it; it is called a "defining" adjective.

> el lápiz *azul* (i.e., here we're pointing out the blue pencil,
>   not the red or the green one)

Adjectives placed before the noun indicate a general type of thing. They do not limit it to a particular person, place, or thing—unlike adjectives placed after the noun.

> Mi hermana decidió comprar una roja falda.
> *My sister decided to buy a red skirt.*

In this case, the sister wanted to buy a red skirt, but she had not found any particular one.

> Mi hermana decidió comprar la falda roja.

Here, the sister had in mind a specific (red) skirt that she wanted to buy.

EXERCISE 7

Complete the following statement:

Un buen anuncio debe ser: _____

_____

EXERCISE 8

You are in a Spanish-speaking country and you want to offer your services as an English teacher and as an English-Spanish, Spanish-English translator. Write a newspaper advertisement, describing your most distinctive qualities for these two jobs.

Personal Notes

You will often need to write personal notes or e-mail messages to leave someone either a request or a reminder, or perhaps just a brief comment.

Two Examples

Example 1

> Manuel: esta noche no me quedo en casa; por lo tanto, cierra bien la puerta. Cuando llegue Paloma, dile que me encuentro en casa de Armando, que mañana la llamo o que me llame hoy al móvil.
>
> Chao
>
> Laura

Example 2

> No olvidar:
> – ir al médico y a la tienda de bebés
> – comprar en el supermercado la leche y los pañales

EXERCISE 9

Answer the following questions about the first example.

1. ¿Qué quiere decir Laura con "esta noche no me quedo en casa"? (*What does Laura mean by the sentence:* "esta noche no me quedo en casa"?)

2. ¿Qué significa "por lo tanto"? (*What is the meaning of* "por lo tanto"?)

3. ¿Qué expresión utiliza Laura para despedirse? (*What expression does Laura use to say good-bye?*)

EXERCISE 10

Find Spanish synonyms for the word Chao.

EXERCISE 11

Imagine that Manuel has to go out. Write the note that he leaves Paloma about Laura's message.

EXERCISE 12

Answer the following questions about the second example.

1. ¿Quién pudo haber escrito esa nota? (*Imagine who could have written the note.*)

2. ¿Para qué lo hizo? (*Why did he/she write it?*)

3. ¿Qué diferencias hay entre el ejemplo 1 y el 2? (*What are the differences between examples 1 and 2?*)

Connectors

Connectors are particles that link words, phrases, or sentences to others without establishing a relationship of dependency. There are several types of connectors.

Additive connectors express a union or an addition of elements:

> Los jugadores **y** los técnicos del Real Madrid llegaron anoche a la ciudad.
> *The players and the technical staff of Real Madrid arrived in the city last night.*

The conjunction *ni* has a negative value:

> **Ni** los jugadores **ni** los técnicos del Real Madrid llegaron anoche a la ciudad.
> *Neither the players nor the technical staff of Real Madrid arrived in the city last night.*

> No tengo dinero **ni** ganas de conseguirlo.
> *I have neither money nor the desire to obtain it.*

When the connector *y* precedes a word starting with *i*, it is written *e* instead of *y*:

> Marlen, Vladimir **e** Inés.

Disjunctive connectors express an alternative: the possibility exists of choosing among two or more options:

> ¿Nos vemos en la casa **o** en el teatro?
> *Shall we meet at home or at the movies?*

The only disjunctive conjunction in Spanish is *o,* but if the word that follows the conjunction *o* starts with the letter *o* it changes to *u*:

> ¿Quiere siete pasteles **u** ocho?
> *Do you want seven or eight cakes?*

Contrast connectors present an objection or an opposition to something expressed earlier:

> Me gustan los pasteles **pero** me sientan mal.
> *I like cakes but they make me feel ill.*

Causal connectors indicate a cause or a reason:

Nuestro equipo perdió el partido **porque** no jugó con decisión.
Our team lost the game because it did not play decisively.

Consecutive connectors express a consequence:

Perdimos la final de la copa europea; **por lo tanto,** sólo fuimos
subcampeones.
*We lost the final game of the European Cup; therefore, we were
runners-up.*

Temporal connectors indicate a sequence in time:

Primero ve a la tienda y **luego** a la casa de tu abuela.
First go to the shop, then to your grandmother's house.

Here is a list of connectors according to the categories presented
above:

- Conectores de adición: **y (e), también, ni** (*and, also, neither . . . nor*)
- Conectores de disyunción: **o (u)** (*or*)
- Conectores de contraste: **pero, sin embargo, aunque, a pesar de,
no obstante** (*but, nevertheless, although, in spite of, nonetheless*)
- Conectores causales: **porque, ya que, puesto que** (*because, since,
since*)
- Conectores consecutivos: **por lo tanto, por consiguiente, así,
así pues, entonces** (*therefore, in consequence, thus, so, then*)
- Conectores temporales: **primero, luego, después, posteriormente,
finalmente** (*first, then, after, later, finally*)

EXERCISE 13

Complete the following personal notes, as appropriate, according to the connector.

1. Mamá: hoy llego tarde porque _____
   _____.

2. Isabel: iré a recoger a nuestra hija aunque _____
   _____.

3. Pedro: primero haz las compras y después _____
   _____.

4. Andrea: ve a la oficina de correo, luego _____
   _____.

5. Tomar las medicinas a las cuatro y _____
   _____.

EXERCISE 14

Link the following elements with suitable connectors, and write the complete sentence.

1. no puedo recoger los vestidos / hazlo tú, por favor
2. observe las palabras / complete los espacios en blanco
3. limpie toda la casa / está muy sucia
4. hable con seguridad / tenga miedo
5. ve de compras / no gastes demasiado dinero

EXERCISE 15

In the following personal notes, replace the incorrect connectors with the appropriate ones.

1. Mi amor: cuelga la ropa, sin embargo se puede arrugar (*wrinkle*).

2. Hija: cómete las frutas, luego lávalas antes.

3. Juanita: saca la basura (*trash*) porque no hay mucha.

4. César: seca la vajilla (*dishes*), no obstante pon la mesa.

5. Señor: le dejé los papeles en el escritorio y los encontrará allí.

EXERCISE 16

Write a note to remind yourself about some of your duties at work or at school. Then write another note to leave for a colleague or classmate.

≷ Note ≷

The imperative form is very often used in notes to another person.

The following chart reviews the second-person imperative affirmative forms of the verbs *dejar* (to leave), *oír* (to hear), *recoger* (to take), and *hacer* (to make).

	dejar	oír	recoger	hacer
(tú)	deja	oye	recoge	haz
(usted)	deje	oiga	recoja	haga
(vosotros)	dejad	oíd	recoged	haced
(ustedes)	dejen	oigan	recojan	hagan

Note that the negative imperative is expressed with *no* + the present subjunctive forms of the verb.

	dejar	oír	recoger	hacer
(tú)	no dejes	no oigas	no recojas	no hagas
(usted)	no deje	no oiga	no recoja	no haga
(vosotros)	no dejéis	no oigáis	no recojáis	no hagáis
(ustedes)	no dejen	no oigan	no recojan	no hagan

Now evaluate the writing you've done for this unit by answering the following questions:

1. ¿Los anuncios que hiciste describen y a la vez convencen? (*Do the ads you wrote both describe and convince?*) (**Exercises 3, 6, 8**)

2. ¿Las notas se comprenden y logran el objetivo que se proponen? (*Are the personal notes understandable and do they meet the objectives?*) (**Exercises 11, 13, 16**)

3. ¿Empleaste adecuadamente los conectores y el modo verbal (el imperativo)? (*Did you use connectors and the verb mood [the imperative] correctly?*)

4. ¿Escribiste oraciones completas y con sentido? (*Did you write complete and meaningful sentences?*)

5. ¿La puntuación es correcta? (*Is your punctuation correct?*)

If necessary, revise your writing; then prepare final versions of your ads and personal notes.

EXERCISE 17

Complete the following chart with the affirmative imperative forms of the verbs.

	completar	leer	salir	ir
(tú)				
(usted)				
(vosotros)				
(ustedes)				

EXERCISE 18

Complete the following personal notes with logical reasons.

1. Manuel: esta noche no me quedo en casa porque _____

_____.

2. Cierra bien la puerta pues _____

_____.

3. Me encuentro en casa de Armando porque _____

_____.

EXERCISE 19

Complete the following lines of an ad for an apartment for rent, according to the example.

EXAMPLE   Es un piso nuevo, por lo tanto _no tendrá ninguna_

avería.

1. Es un piso amueblado, por esto _____

_____.

2. Es silencioso por lo tanto _____

_____.

3. Está cerca de dos líneas de metro y una línea de autobús. Por lo tanto

_____.

EXERCISE 20

Analyze the following sentences and say whether the words in boldface are used correctly (B for bien) or not (M for malo). If they are not used correctly, replace them with the correct word.

____ 1. La gente antiguamente era más solidaria **pues** todos se ayudaban entre sí.

____ 2. Ahora vamos al estadio, al parque, y a la piscina; **en consecuencia** no tenemos dinero.

____ 3. A los niños les encanta la televisión; **por tanto** les daña los ojos.

____ 4. Los animales son hermosos, **por consiguiente** debemos quererlos.

EXERCISE 21

Underline the appropriate ending for the following sentence:
"Los medios actuales de comunicación permiten con mayor facilidad que antes el diálogo entre los seres humanos pero..."

1. ... acorta las distancias.

2. ... nos podemos comunicar con personas que están muy lejos de nosotros.

3. ... algunas personas no poseen los aparatos necesarios para comunicarse.

4. ... es muy bueno que haya tantos medios de comunicación.

6

E-Mail

In this unit, you will:

- Learn to write personal and business e-mail messages
- Identify the sections of an e-mail
- Learn the vocabulary that applies to this type of writing
- Write clear and coherent paragraphs
- Review the rules for correct use of the semicolon

Business E-Mail

E-mail has quickly become one of the dominant means of communication, particularly in business. While its speed is, of course, the main reason for its success, businesses are also coming to prefer e-mail because it's efficient, it can reach numerous recipients at a time, and it is relatively inexpensive.

Business e-mails thus maintain communication among the employees of a company and strengthen the relationship between a company and its clients. Writers of business e-mails, however, should take care not to write as casually as they might in their personal e-mail messages. Instead, when writing a business e-mail, the writer should demonstrate awareness of the formal conventions of business discourse.

An Example

De: Lola Suárez <losu@net.es>
Para: Esteban Pérez <esteban@hotmail.com>
Asunto: Solicitud de la cotización
Fecha: viernes, 14 sep 2001 10:01:14 +0200

Respetado señor:

Aún no he recibido la cotización que le solicité la semana pasada en relación con el cartón de 3 mm. Le agradecería que me la hiciera llegar lo más pronto posible.

Lola Suárez

Jefe de compras

EXERCISE 1

Answer the following questions about the example.

1. ¿Qué es "losu@net.es"? (*What is "losu@net.es"?*)

2. ¿Qué partes tiene un e-mail? (*What are the sections of an e-mail?*)

3. ¿Qué se escribe en el "asunto"? (*What do you write next to "subject"?*)

4. ¿A qué tipo de texto se parece el cuerpo del e-mail? (*What kind of text is the body of the e-mail similar to?*)

5. ¿Qué es una cotización? (*What is a "cotización"?*)

Business e-mail messages typically contain the following sections:

- *Cabecera* (Heading): this specifies who's sending the message (From), for whom (To), the topic (Subject), and when the message was sent (Date). It is important to fill in the "subject" area because it can determine whether or not the addressee reads the message. It must be clear and precise.

- *Cuerpo* (Body): content of the message

- *Firma* (Signature): name of the person sending the message

EXERCISE 2

Identify the sections in the example using the terms cabecera, cuerpo, *and* firma.

EXERCISE 3

Imagine you are Esteban Pérez and you answer Lola's e-mail. Complete the following form.

De: _____

Para: _____

Asunto: _____

Fecha: _____

Respetado señora:

_____

_____

_____

Esteban Pérez

Vocabulary

Many business e-mails are requests related to purchases, credit, transportation, bank transactions, and so on.

The following expressions are typically used in such requests:

EXPRESSIONS USED IN A REQUEST IN SPANISH	EXPRESSIONS USED IN A REQUEST IN ENGLISH
Le solicito, comedidamente, que...	*May I request that . . . ?*
Le ruego que...	*I beg you to . . .*
Le pido el favor de...	*May I ask you the favor of . . . ?*
Me dirijo a usted para pedirle / solicitarle / rogarle...	*I am writing to ask / request / beg you . . .*
Le escribo para / con el fin de...	*I am writing to / with the purpose of . . .*
Le agradecería que...	*I would be very grateful if . . .*

Requests such as these are generally accompanied by polite expressions, for example: *respetuosamente, comedidamente, con todo respeto, por favor.*

EXERCISE 4

Complete the following statement with a subject of your own choosing:
Le solicito, comedidamente, que...

Now read the following body of an e-mail:

Apreciado señor:

Hemos recibido su pedido el día de hoy pero lamentamos informarle
que no podemos enviárselo antes del viernes de la semana próxima
dado que estamos haciendo una remodelación en nuestras bodegas
y en este momento no tenemos acceso a ningún material. De otra
parte, aprovechamos la ocasión para decirle que los precios de las
mercancías subieron un 15% a partir del 1 de enero.

In the previous message there are two main ideas: the first is related
to a client's order and the second to the price increase.

When more than one main idea is introduced in a text, each one
must go in a separate paragraph. The previous example would therefore be better written as follows:

Apreciado señor:

Hemos recibido su pedido el día de hoy pero lamentamos informarle
que no podemos enviárselo antes del viernes de la semana próxima
dado que estamos haciendo una remodelación en nuestras bodegas
y en este momento no tenemos acceso a ningún material.

De otra parte, aprovechamos la ocasión para decirle que los precios
de las mercancías subieron un 15% a partir del 1 de enero.

EXERCISE 5

Read the following e-mail messages and analyze the number of main ideas presented in each one. Rewrite the message so that each main idea is in a separate paragraph.

Señores vendedores:

Me complace informarles que la serie de español acaba de ser editada y que se hará un lanzamiento el próximo jueves a las 7 p.m. en el salón del libro del pabellón de ferias. Sería muy conveniente que asistieran a este evento para que conozcan los lineamientos y características de la serie, con miras a su futura venta.

Señores Clientes:

Nos complace informarles que a partir del 1 de agosto nuestra empresa contará con una nueva sucursal en la ciudad de Pasto. Así, podremos atenderles de una manera más ágil y personalizada. Ponemos a su servicio, además, una línea de atención al cliente a través del teléfono 5323232. Esta línea funcionará las 24 horas del día de lunes a sábado.

Señor:

Sabemos que la empresa que usted dirige exporta trigo a Europa y Norteamérica y quisiéramos entablar relaciones comerciales con ustedes. A pesar de que somos una cooperativa, tenemos el capital suficiente para comprar productos agrícolas. Cuando ustedes lo requieran, les enviaremos los documentos pertinentes que acreditan nuestra solvencia económica.

⧙ Remember ⧘

A paragraph normally contains several sentences. Each paragraph consists of a main idea that expresses the main communicative purpose of the author and one or more secondary ideas. Secondary ideas explain the principal idea: its logic, cause, or consequence. They may also exemplify or present a justification of the main idea or thesis statement.

Connectors are used to create a meaningful link from one paragraph to a previous one, as in the following example:

> Los hablantes de una lengua saben mucho acerca de ella. Cuando se les pregunta acerca del significado de una palabra o de si una expresión se dice en su lengua o no, responden sin ningún problema; pueden indicar si una oración es correcta o incorrecta, si una persona ha dicho algo inapropiado en una determinada situación, etc.

> Por esta razón, los lingüistas acuden con frecuencia a los hablantes nativos para verificar sus hipótesis...

The previous example contains two paragraphs. The second one starts with the connector *por esta razón* (because of this). The main idea in each of these paragraphs is at the beginning; however, the main idea can be placed at the beginning, in the middle, or at the end of a paragraph.

EXERCISE 6

Imagine that you are the sales manager of an insurance company. Write an e-mail to your clients reminding them to renew their insurance on time.

⋛ Notes ⋚

- Don't write your e-mail messages in capital letters. This format is difficult to read. It can also give the impression that the writer is shouting.

- State the topic of the message clearly.

- Write only what's necessary to attract and to hold the attention of busy people who may receive dozens of e-mail messages daily.

- Don't include secret, confidential, or potentially embarrassing information. Consider any e-mail message as an open book.

Personal E-Mail

In writing a personal e-mail message, you are in some sense freed from the constraints of business e-mail. Writing to relatives or friends, your topics will tend to revolve around health, daily life, entertainment (movies, television, or stage performances you've seen), or even, well, your work life. Some of the cautions mentioned above still hold, however—don't include anything in your message that might embarrass yourself or others. An e-mail message can literally be transferred into anyone's hands.

An Example

Vanesa is temporarily apart from her husband. She wrote him the following e-mail:

De: Vanesa Torres <vanesto@lat.es>
Para: Alberto Cano <albcano@sub.com>
Asunto: Nostalgia
Fecha: sábado 17 oct 2002 12:01:14 +0200

Querido Alberto:

Estoy en este nuevo empleo en donde me pagan muy bien pero me siento muy sola y distante.

Ayer tuve la primera reunión con las madres-solteras. ¡Ellas estaban tan optimistas! Pensaban que yo les iba a solucionar todos sus problemas.

No sé si podré ayudarlas. Siento que no voy a ser capaz de estar sin ti.

Te quiero mucho

Vanesa

EXERCISE 7

Answer the following questions.

1. ¿Qué significa la palabra "nostalgia"? (*What is the meaning of the word "nostalgia"?*)

2. ¿De qué temas habla Vanesa en su e-mail? (*What did Vanesa write about in her e-mail?*)

3. ¿Sabes qué significa la expresión "madres-solteras"? (*Do you know the meaning of the expression "madres-solteras"?*)

4. ¿Por qué está sola Vanesa? (*Why is Vanesa lonely?*)

5. ¿Qué expresión utiliza Vanesa para dirigirse a su esposo? y ¿cuál para despedirse? (*What expression does Vanesa use for greeting her husband and which for saying good-bye?*)

EXERCISE 8

Define the following words: distante, optimista, extrañar, reto.

EXERCISE 9

Expand Vanesa's e-mail to turn it into a personal letter. Include all the usual sections of a personal letter.

EXERCISE 10

Read Alberto's answer and turn it into a short e-mail.

Salamanca, octubre 21 del 2002

Querida esposa:

Yo también estoy muy solo y triste sin ti y sin nuestro hijo. Por lo menos, tú tienes su compañía. Todos los días veo su cuarto y siento un profundo vacío. Sin embargo, me doy ánimos y pienso que esta situación es transitoria y que pronto estaremos reunidos. Por el momento, lo importante es que estemos siempre en contacto a través del e-mail, el teléfono y las cartas. Para mí escribir es una forma de estar contigo.

Seguramente harás muy bien tu trabajo pues te has preparado con seriedad, tienes mucha experiencia y mucho que aportar. Las madres-solteras estarán muy bien bajo tu cuidado. Si te falta optimismo, piensa en la importancia de la labor social que realizas.

Dale muchos besos al bebé y uno muy grande para ti.

Te extraño

Alberto

Vocabulary

Note the following typical expressions used to greet or say good-bye to a relative or a friend, as well as some expressions used for starting the body of a message.

FÓRMULAS DE SALUDO INFORMAL	FÓRMULAS PARA INICIAR EL CUERPO DEL E-MAIL	FÓRMULAS PARA EL DESPEDIRSE
Querido hijo:	Te cuento que...	Un fuerte abrazo
Hermana:	Imagínate que...	Te quiero
Hola Maria:	Te escribo para...	Un cariñoso saludo
Querida amiga:	Estoy...	Un beso
Estimada Sra:		Hasta pronto

The expressions presented above are also used in personal letters and other informal writing.

EXERCISE 11

The following e-mail message contains some errors in the use of the semicolon. Identify which periods have been used incorrectly and replace them with semicolons.

Querido Papá:

La situación acá cada vez está mejor. La gente está alegre. Los comerciantes están optimistas. Los niños sonríen. Los ancianos están con sus familias. Los gobernadores hablan de un futuro próspero y yo estoy mejor que nunca. Creo que la vida nos sonríe.

Un besote.

Marta

⋛ Remember ⋛

- The semicolon (;) (*el punto y coma*) indicates a pause that is more significant than the comma but not as meaningful as a period. It is used to divide two phrases, clauses, or sentences that have a close relationship, but it does not create a total division.

  > Juan ve la lluvia caer; siente un escalofrío inusitado; sonríe ante la debilidad humana; cierra los ojos y palidece.
  > *Juan sees the rain fall; shivers strangely; smiles in the face of human weakness; closes his eyes and turns pale.*

- The semicolon is also used when two parallel sentences express opposite ideas.

  > El primer relato es interesante; el segundo produce temor.
  > *The first story is interesting; the second creates fear.*

- The semicolon is used in sentences that are unusually long and where the elements function as an enumeration.

  > Paloma era simpática; Lucía tenía un rostro triste; Teresa siempre estaba en silencio; Isaura vivía soñando. Éstas eran mis mejores amigas.
  > *Paloma was nice; Lucia had a sad face; Teresa was always quiet; Isaura was a dreamer. Those were my best friends.*

- The semicolon is written before the adversative connectors *sin embargo, pero, aunque* when they are preceded by relatively long sentences.

  > El hombre es el ser más complicado y difícil de entender; sin embargo, ninguna criatura de la naturaleza es tan interesante como él.
  > *Man is the most complicated and inscrutable being there is; however, no other creature of nature is as interesting (as he is).*

EXERCISE 12

Write an e-mail of at least four to six sentences to a Spanish-speaking person. Tell him/her what you are doing at present, how you feel, what you need, what joys or misfortunes you have had, etc.

Now evaluate the sample e-mail messages and personal letters you wrote for this unit (**Exercises 3, 4, 6, 9, 10, 12**), by answering the following questions:

1. ¿Tuviste en cuenta las partes de un e-mail o una carta cuando escribiste tus mensajes? (*Did you pay attention to the divisions of an e-mail or a personal letter when writing your messages?*)

2. ¿Presentaste una idea en cada párrafo? (*Did you introduce a new idea in each paragraph?*)

3. ¿Utilizaste el vocabulario adecuado? (*Did you use appropriate vocabulary?*)

4. ¿Empleaste bien los signos de puntuación? (*Did you use punctuation marks correctly?*)

5. ¿Escribiste tus mensajes en letras minúsculas? (*Did you write your messages in lowercase letters?*)

EXERCISE 13

Write a description (at least two paragraphs) of the Internet and its usefulness to you.

EXERCISE 14

Add appropriate punctuation to the following observation on swimming.

La natación es un deporte estupendo■ A través de él■ se entra en contacto con el agua y uno siente que todo está bien■ el cuerpo está liviano■ la cabeza se oxigena■ el corazón sonríe y el espíritu está tranquilo■

7

Personal Letters and Certifications

In this unit, you will learn to:

- Write personal letters expressing your feelings and wishes
- Tell what happened to you in a coherent way
- Make a complaint in a convincing way
- Express condolences and sympathy in writing
- Prepare reference letters and certifications for others
- Review verb tenses

Personal Letters

In a personal letter, you not only relate recent events but express your feelings. Among the personal letters you may be called upon to write are family letters, condolence letters, and letters of complaint.

An Example

Nubia writes her sister the following letter:

Tenerife, marzo 3 del 2003

Querida Gloria:

No sabes lo feliz que estoy de estar casada. Eso sí el matrimonio fue toda una odisea, empezando porque faltaban 10 días para la boda y aún no me había llegado del exterior el registro civil y la partida de bautismo. Mi suegro estaba furioso y creo que pensaba que yo ya era casada y que fingía que no me habían llegado los papeles. Tuve que hacer miles de llamadas, preguntar en la oficina de correos, llamar a la embajada, etc. Cuando por fin llegaron, resulta que el padrino se enfermó de una amigdalitis terrible; menos mal que existen los antibióticos y se recuperó fácilmente. El día de la boda fue a mi casa una señora para peinarme y maquillarme; no sé por qué razón los cosméticos me producían lágrimas y el maquillaje se me caía. Al final no pude pintarme los ojos. Cuando llegó la hora de ir a la iglesia, no aparecía por ninguna parte el velo de mi vestido. Estuve a punto de llorar pero mi suegra lo encontró en el armario; parece que lo había guardado allí y no se acordaba. Llegamos a la iglesia con 10 minutos de retraso. Desde ese momento todo salió muy bien: la iglesia estaba bellísima; la misa fue sencilla y agradable; la gente estaba muy bonita y efusiva. Después de la ceremonia vinieron los aplausos, los abrazos, los besos y por supuesto el arroz. Nunca olvidaré este día y espero que mi matrimonio dure para siempre.

Me contó Ester que piensas viajar al Perú, a ver Machu Picchu. Deseo que tengas muy buen viaje y que la pases bien. No dejes de escribirme y contarme todo.

Saludos a mi sobrina y a tu esposo.

Nubia

EXERCISE 1

Answer the following questions about the example.

1. ¿En qué lugar se encuentra Nubia? (*Where is Nubia?*)
2. ¿Qué significa la expresión "fue toda una odisea"? (*What is the meaning of the expression* "fue toda una odisea"*?*)
3. ¿Has leído la *Odisea*? (*Have you read* The Odyssey*?*)
4. ¿Cuál es el tema principal de la carta de Nubia? (*What is the main topic of Nubia's letter?*)
5. ¿Qué es un armario? (*What is* "un armario"*?*)

EXERCISE 2

Did you know that the suffix "-itis" means inflammation, in both English and Spanish? Amigdalitis, then, means inflammation of the tonsils. Give the meaning of the following words: faringitis, laringitis, apendicitis.

Vocabulary

This is some of the vocabulary used in personal letters:

Expresiones de deseo (*Wishes*)

Espero que... lo pases bien / seas feliz / te mejores /
   tengas buen viaje / te vaya bien / pases un buen día /
   tengas suerte / Ojalá (que)... todo te salga bien / te vaya bien.

Expresiones de pésame (*Condolence letters*)

Queremos expresarle nuestro más sentido pésame por el
   fallecimiento de... / Lamento mucho la muerte de tu hermana. /
   Estamos conmovidos por el fallecimiento de su padre.

Expresiones para pedir (*Letters of complaint*)

Necesitamos que nos devuelvan el reembolso lo más rápido posible./
   Deseo que me indemnicen con 500 euros por... / Les exijo que
   arreglen los daños que hicieron.

Here is a condolence letter written in rather formal language:

Guayaquil, enero 15 del 2003

Señor
Carlos Vanegas
Calle Príncipe Pío
La ciudad

Respetado señor:

Por medio de la presente queremos manifestarle nuestro más sentido pésame por la muerte de su señora madre.

Cordialmente,

Germán Vargas y Alonso Castro
Jefes de Bodega

EXERCISE 3

Imagine you are Carlos Vanegas's friend; write him a condolence letter. The language in your letter can be more informal than that used in the example above.

EXERCISE 4

Correct the errors related to the use of verb tenses in the following letter of complaint.

Madrid, noviembre 16 del 2002

Señores
Viajes Madrid
Calle Eugenio Sierra # 3. 1.A.
C.P. 27098
La Ciudad

Respetados señores:

Como es de su conocimiento, el mes pasado compré en su agencia un tiquete Madrid-Buenos Aires, Buenos Aires-Madrid. Salgo sin ningún problema el día 13 de octubre pero al regreso, el día 13 de noviembre, me informan que ustedes me habían vendido el tiquete en la clase turística pero me hicieron la reserva en la clase victoria, razón por la cual debía abonar 200 dólares más para poder viajar.

Ésta fue una situación muy incómoda para mí porque no tenía dinero en ese momento y unos amigos tienen que prestármelo.

Deseo saber por qué se cometió este error y les solicito que a la mayor brevedad me reembolsen el dinero correspondiente.

Pienso que esta situación no debe repetirse con otro viajero.

Atentamente,

Eduardo Aguirre

⩔ Remember ⩔

In narrations in which past events are related, verbs must be written in the past tenses (preterite or imperfect). The present tense may be used if the story is happening in the present or if it is telling about something habitual that is still occurring. Simply speaking, the preterite expresses single or repeated (countable) events in the past. The imperfect indicative is used to describe a background situation in the past, to talk about habitual actions in the past or actions in the past that have effects on the present, or actions in the past that lasted an indeterminate length of time.

Here is a review of the conjugation of the verb *amar* (to love) in the imperfect and in the preterite tenses.

PERSONA GRAMATICAL	IMPERFECTO	PRETÉRITO INDEFINIDO
(yo)	amaba	amé
(tú)	amabas	amaste
(él / ella)	amaba	amó
(nosotros/as)	amábamos	amamos
(vosotros/as)	amabais	amasteis
(ellos / ellas)	amaban	amaron

EXERCISE 5

Imagine you are the manager of the travel agency Viajes Madrid.
*Write a letter in answer to Eduardo Aguirre, who complained about his overpayment in the letter above (**Exercise 4**). Offer him a refund and assure him this will not happen again.*

EXERCISE 6

Complete the following letter of complaint.

Brasilia, 12 de octubre del 2002

Señores
Tintorería y Lavandería Meta
La ciudad

Respetados señores:

Hace quince días llevé a su negocio una chaqueta de gamuza para lavarla y plancharla; cuando fui a recogerla, me informó la dependienta que por un error en el tratamiento del material se había quemado y dañado.

Me parece increíble que...

Don't forget to ask for a reply and for damages to be paid to you. Ask that the situation not happen again.

EXERCISE 7

Everybody experiences traffic jams, sometimes quite often! Manuel is telling his brother about an unusual one: the five-hour traffic jam he encountered on a road in his native Colombia. The letter starts as follows:

> Bogotá, 28 de diciembre del 2002
>
> Querido Ramiro:
>
> Ayer pasé la tarde más horrible de mi vida. Estuve en un atasco que duró cinco horas! Había...

Continue the story for Manuel. Explain why the traffic jam occurred, what happened during those five hours, how you felt, how it all ended, what time you arrived home, etc. Take special care with the verb tenses you choose.

Certifications (*Certificados*)

As their name suggests, certifications (*certificados*) attest to a person's work or study experience. In the United States, this information would be included in a letter of recommendation supplied by a superior, a boss, a colleague, a professor, or an administrator. Spanish speakers may expect a separate, official document (*certificado*) issued by the employer or superior. This document can also be used as a personal reference, along with a recommendation letter. A *certificado* usually states the position or level of the individual, his/her length of service or study, and his/her salary, if relevant. It is drawn up and signed by the superior or administrator on letterhead paper or on an official form supplied by the institution.

An Example

Amanda has asked Nelson, the personnel manager at her company, for a certificate of her work experience.

EMBUTIDOS SANTAMARTA

EL JEFE DE LA DIVISIÓN DE PERSONAL
CERTIFICA

Que la señora Amanda Buitrago Torres, identificada con la cédula de ciudadanía número 23.456.789, expedida en el Líbano-Tolima, presta sus servicios en esta institución desde el 25 de enero de 1993.

Actualmente desempeña el cargo de secretaria de gerencia con dedicación de tiempo completo y con un sueldo básico de $1.200.00.

Se expide el presente certificado a solicitud de la interesada el 23 de octubre del 2002.

Nelson Pardo Quijano

EXERCISE 8

Answer the following questions about the example.

1. ¿Qué información se presenta en un certificado? (*What information is found on a "certificado"?*)

2. ¿Sabes qué es la cédula de ciudadanía? (*Do you know what the "cédula de ciudadanía" is?*)

3. ¿Para qué se indica el número de cédula? (*Why is the number of the "cédula" included here?*)

4. ¿Por qué se escribe la fecha en la que se da el certificado? (*Why is the date of issuance of the* certificado *important?*)

5. ¿Qué diferencia hay entre un certificado y una carta? (*What is the difference between a* certificado *and a letter?*)

Vocabulary

Note the following synonyms:

Sueldo = salario, asignación mensual (*wage = salary, monthly payment*)

Cédula de ciudadanía = documento nacional de identificación (DNI) (*ID card*)

Presta sus servicios = trabaja (*performs his/her services = works*)

Expedir = dar, extender (*to issue = to give, to extend*)

A solicitud = a pedido

Now read the following letter:

Barcelona, 18 de marzo del 2003

Señores
Textilería Nacional
Arribau 122. 3c
C.P. 08036
Barcelona

Respetados señores:

El señor José Granados ha solicitado un trabajo en nuestra empresa y los ha mencionado a ustedes como referencia.

Les rogamos el favor que nos envíen por escrito toda la información que puedan en relación con el Señor Granados.

Les agradecemos de antemano su ayuda.

Cordialmente,

Juan González

Jefe de personal
Telas y Telares

EXERCISE 9

Describe the differences between a letter of recommendation (letter of reference) and a certificado. Be sure to list the kind of information that should be included in each type of document.

EXERCISE 10

Replace the bold words with synonyms in the following letter of reference.

Cúcuta, diciembre 15 del 2002

Profesora
Josefina Díaz
Directora Escuela los Mártires

Estimada profesora:

Por medio de la presente me permito recomendar ampliamente a la señora Rosalía Cortés, con cédula de ciudadanía #67894521 de Cúcuta.

Conozco desde hace 15 años a la señora Cortés y por lo tanto sé que es una persona honorable, cumplidora de sus deberes; además, realiza su trabajo con seriedad e imaginación. Mantiene buenas relaciones con todas las personas, es simpática y servicial. En resumen, es una persona **seria, honorable** e **imaginativa.**

Sin otro particular,

Mario Morales

⩹ Remember ⩹

Synonyms are words with similar meaning and can replace each other in the same statement. For example:

El señor Granados **trabajó** en la **empresa**.
Mr. Granados worked at the company.

El señor Granados **laboró** en la **institución**.
Mr. Granados worked at the institution.

EXERCISE 11

Imagine you are the warehouse foreman at a food company. Prepare a *certificado* for one of your employees as well as a letter of reference for the same individual.

Now evaluate the letters and documents you prepared for this unit (**Exercises 3, 5, 6, 7, 11**) by answering the following questions:

1. ¿En las cartas tuviste en cuenta la concordancia temporal? (*Did you use appropriate verb tenses in the letters?*)

2. ¿En el certificado señalaste el cargo u oficio que desempeña la persona dentro de la empresa, su salario y su antigüedad? (*In your certificado, did you mention the employee's position, salary, and length of employment?*)

3. ¿Lograste los propósitos comunicativos que querías a través de las cartas que escribiste? (*Did you achieve your purpose in the letters you wrote?*)

4. ¿Empleaste un vocabulario preciso? (*Did you use the appropriate vocabulary?*)

5. ¿Utilizaste bien los signos de puntuación? (*Did you use punctuation marks correctly?*)

Use your responses to guide you in revising your work.

EXERCISE 12

Conjugate the verb leer *(to read) in the imperfect, preterite, and present perfect tenses.*

Business and Bank Documents

In this unit, you will:

- Learn to write various types of business letters and banking documents
- Review the mood of verb tenses

Business Letters and Banking Documents

On occasion you may need to send a letter to a company or bank to make a particular request, for example, to open or close an account. In this section, we'll also look at how such institutions typically reply to their clients.

An Example

Observe the following commercial order and the corresponding response that was received:

Córdoba, 20 de diciembre del 2002

Señores
Papelería Norte
Calle 25 #72-28
La ciudad

Estimados señores:

Envíennos, por favor, 8 docenas de lápices, 12 marcadores, 34 cajas de bolígrafos y 10 resmas de papel bond, tamaño oficio.

Les agradeceríamos que nos enviaran esta mercancía lo más rápido posible. Cancelaremos en efectivo contra entrega, como es nuestra costumbre.

Sin otro particular,

Alejandro Rozo

Córdoba, 26 de diciembre del 2002

Señor
Alejandro Rozo
Calle 45 #34 B 07
La ciudad

Estimado señor:

De acuerdo con su solicitud, nos complace remitirle la siguiente mercancía:

	Valor
8 docenas de lápices	45.000
12 marcadores	24.000
34 cajas de bolígrafos	132.000
10 resmas de papel bond	80.000
Total	281.000

Esperamos que la mercancía sea de su agrado.

Saludos atentos,

Roberto Palacios

Jefe de ventas
Papelería Norte

EXERCISE 1

Answer the following questions about the example.

1. ¿Qué significa la expresión "contra entrega"? (*What is the meaning of the expression "contra entrega"?*)

2. ¿Para qué dice Don Alejandro que pagará en efectivo? (*Why does Don Alejandro say he will pay in cash?*)

3. ¿De qué otras formas se puede pagar un pedido? (*In what other ways can one pay for an order?*)

4. ¿Qué vocabulario es específico de este tipo de textos? (*What vocabulary terms are specific to this type of writing?*)

EXERCISE 2

Write synonyms for: remitir, nos complace.

Did you notice that both Mr. Rozo and Mr. Palacios write in the first-person plural and not in the first-person singular? Mr. Rozo uses *agradeceríamos* and not *agradezco* and Mr. Palacios writes *nos complace / esperamos* and not *me complace / espero.*

Although the individual writing the letter is only one person, the first-person plural is used in this business setting. In Mr. Rozo's case, because he writes in the name of the company, as its sales manager and not as an individual, he uses the plural form (*nosotros*).

EXERCISE 3

Complete the following verb forms according to the model: nos complace / me complace.

agradar   _____ / _____

encantar   _____ / _____

alegrar   _____ / _____

molestar   _____ / _____

Vocabulary

Here is some vocabulary typically used in business and bank letters:

Expressions used in business letters (requests)

Queremos entablar relaciones comerciales con ustedes.
Queremos conocer las ofertas / los productos / el catálogo de
 precios, etc.
Les solicitamos, comedidamente, que...

Expressions used in bank letters (requests)

Deseamos saber cuáles son los trámites para abrir (o cancelar) una
 cuenta de ahorros.
Necesitamos urgentemente el extracto del último mes de nuestra
 cuenta corriente.

Expressions used in business and bank letters (answers)

Les informamos que...
Tenemos el agrado de anunciarles que...
Lamentamos decirles que no es posible...
Remitimos a usted la información solicitada.

Expressions used to refer to a previous letter

En relación con su carta del 6 de octubre...
Hemos recibido su carta del 6 de octubre y...
Nos complace responder a su pedido de...
Les agradecemos su envío.

EXERCISE 4

Write a letter addressed to a bank using the following sentence: Les ruego que estudien la posibilidad de otorgarme un crédito de 25.000 euros. *Explain why you are requesting this loan. Include the fact that you have handled your account responsibly in the past. Make sure to thank them for their attention.*

EXERCISE 5

Imagine that the bank is denying your request. In the name of the bank, write a letter to this effect, explaining the bank's reasons.

EXERCISE 6

Read the following letter requesting the opening of a new account and the corresponding answer. The verbs of the subordinate clauses are presented in the infinitive form. Complete the sentences using the correct mood of the verb.

Quito, 17 de enero del 2003

Señores
Banco de la República
Transversal 5 #45 B 08

Respetados señores:

Somos exportadores de trigo y queremos abrir una cuenta corriente con ustedes. Por lo tanto, les pedimos que nos _____ (explicar) cuáles son los trámites y pasos a seguir.

Esperamos que esta solicitud _____ (ser) bien recibida por ustedes.

Cordialmente,

Lilia Peña
Jefe comercial
Trigo y Miel

Quito, 25 de enero del 2003

Señora
Lilia Peña
Jefe Comercial
Trigo y Miel

Estimada señora:

Reciba un cordial saludo. Nos complace informarle los requisitos para abrir una cuenta corriente con nosotros:

- dos cartas de referencias comerciales
- el extracto bancario de una cuenta de ahorros o corriente de los últimos tres meses
- el certificado del último año de la Dirección Nacional de Impuestos

Ojalá que _____ (poder) entablar relaciones comerciales y que sean de beneficio mutuo.

Sin otro particular,

Santiago Barragán
Jefe de cuentas

⩾ Remember ⩾

In subordinate clauses (after *que*) the indicative mood is used when a fact is expressed.

Juan piensa que la vida *es* maravillosa.

The subjunctive is used after *que* when a possibility or a wish is expressed in the subordinate clause.

Juan quiere que la vida *sea* hermosa.

The subjunctive mood in the subordinate clause is also used following a main clause plus *que* containing the verbs *pedir, solicitar, rogar, esperar, desear, querer,* and with the expressions *ojalá* and *tal vez.*

Espero que *tengas* buen viaje.

Now review the forms of the subjunctive mood of the verb *leer:*

Presente de subjuntivo (*Present subjunctive*)

que yo lea
que tú leas
que él / ella lea
que nosotros/as leamos
que vosotros/as leáis
que ellos / ellas leen

Imperfecto de subjuntivo (*Imperfect subjunctive*)

que yo leyera *o* leyese
que tú leyeras *o* leyeses
que él / ella leyera *o* leyese
que nosotros/as leyéramos *o* leyésemos
que vosotros/as leyerais *o* leyeseis
que ellos / ellas leyeran *o* leyesen

Perfecto de subjuntivo (*Present perfect subjunctive*)

que yo haya leído
que tú hayas leído
que él / ella haya leído
que nosotros/as hayamos leído
que vosotros/as hayáis leído
que ellos / ellas hayan leído

Pluscuamperfecto de subjuntivo (*Pluperfect subjunctive*)

que yo hubiera (*o* hubiese) leído
que tú hubieras (*o* hubieses) leído
que él / ella hubiera (*o* hubiese) leído
que nosotros/as hubiéramos (*o* hubiésemos) leído
que vosotros/as hubierais (*o* hubieseis) leído
que ellos / ellas hubieran (*o* hubiesen) leído

EXERCISE 7

Conjugate the verb cantar *in the subjunctive mood.*

EXERCISE 8

Choose the correct form of the verb, and complete the following sentences.
If the principal verb is in the present, the subjunctive is in the present too;
if the principal verb is in the past, the subjunctive is generally also in the past.
Contrary-to-fact sentences (with si*) normally use the imperfect subjunctive*
in the si-clause.

1. Espero que _____ (venir) la niñera (*nanny*).

2. Deseaba que todo _____ (acabar) pronto.

3. Les ruego que _____ (escuchar) mis razones.

4. Si el dinero no _____ (alcanzar) no se podría comprar
   la mercancía.

EXERCISE 9

Write a letter addressed to a bank in order to cancel a credit account, pointing out your reasons. Take special care with the mood of the verbs in your letter.

EXERCISE 10

Write a letter in which you inform a vendor that you received his or her shipment of merchandise and that you are waiting for your next shipment.

Answer Key

UNIT 1
Exercise 1
1. Tres partes más la fecha y la firma. (*Three parts, plus the date and his/her signature.*)
2. Datos personales, domicilio y solicitud. (*Personal information, one's address, and the application form.*)
3. Tiene 19 años en el momento en que llena el formato. (*She is 19 years old when she fills out the application form.*)
4. Ella es casada. (*She is married.*)

Exercise 2
Podría ser (*Possible answers*):
Fecha de nacimiento: 12-08-1968
Nacionalidad: inglesa
Nombre: Sheila
Primer apellido: Guhl
Segundo apellido: Smith
Lugar de nacimiento: Londres
País de nacimiento: Inglaterra
Nombre y apellidos del padre: John Guhl
Nombre y apellidos de la madre: Virginia Smith
Sexo: Femenino
Estado civil: Soltera

Exercise 3
Yamile Segura Vargas / Sebastián Maldonado Torres / Calle de la Rambla / Barcelona / España.

Exercise 4
Podría ser (*Possible answers*):
Que en la fecha compareció el/la señor(a): George Pimentel
Identificado con el D.N.I. #7689012, con el objeto de dejar constancia de la pérdida de sus documentos. Expuso lo siguiente:
El día de ayer perdí en el metro todos mis documentos, a saber: libreta militar, documento de identidad nacional, pasaporte y tarjetas de crédito.
Se expide la presente constancia a solicitud verbal del interesado/a con el objeto de tramitar nuevamente estos documentos.
a los 20 días del mes de agosto del año 2004.
Jefe de turno: Pedro Hurtado
Exponente: George Pimentel

Dirección: calle María Kahlo, 7-3c. A.A. 2345
Teléfono: 924678

Este formato se usa para informar a las autoridades policiales la pérdida de documentos importantes. (*This form is used to inform the police authorities about the loss of important documents.*)

Exercise 5

1. Javier Muñoz Quintana
2. 400 euros
3. El 10 de diciembre del 2002
4. Leonor Aranda Santos

Exercise 6

Primer Apellido: Escobar
Segundo Apellido: Morales
Nombre: Marcela
Dirección: Calle/Plaza: Calle la Pola
Número: 23
Piso: 4E
C.P.: 27654
Prov.: Asturias
País: España
Teléfono: 97834
Clase de pago: Convalidación de asignaturas
Importe a ingresar: 1825E
Firma: Marcela Escobar
Fecha: 03-03-2003

Exercise 7

Podría ser (*Possible answers*):
Fecha: enero 20 del 2004
Nombre: Martha Pedraza
Documento de identidad: X56792
Teléfono: 287931
Dirección: carrera 23 N. 3-47

CRITERIO	BUENO	REGULAR	MALO	NO EXISTE
Atención del personal médico		X		
Servicio de odontología	X			
Exámenes especializados	X			
Medicamentos y subsidios de salud		X		

Observaciones y sugerencias: Me gustaría que haya mayor puntualidad por parte de los médicos, pues las citas suelen tener mínimo media hora de retraso. (*I would like the doctors to be more punctual, because the doctors' appointments are generally at least half an hour late.*)

Exercise 8

El **d**omingo es un día triste para mí. **M**e siento nostálgico, deprimido, sin ganas de hacer nada; me imagino que es porque el **l**unes tengo que trabajar. **E**l **v**iernes, por el contrario, estoy feliz: ya llega el fin de semana, el descanso, la alegría. No obstante, en las vacaciones, en **d**iciembre, los **d**omingos en la tarde me invade una pequeña angustia y me siento muy solo. **N**o sé por qué.

Sunday is a sad day for me. I feel low, depressed, I don't feel like doing anything; I suppose it's because on Monday I have to work. On Fridays, on the other hand, I'm happy: the weekend is coming, with rest and fun. Nevertheless, during the December vacation, on Sundays I feel anxious and very lonely. I don't know why.

UNIT 2

Exercise 1

1. Sus estudios, su experiencia laboral e investigativa y sus publicaciones. (*His studies, his professional and research experience, and his publications.*)
2. Datos generales, formación académica, experiencia laboral, participación en seminarios y proyectos de investigación, publicaciones y otros méritos. (*General information, academic training, professional experience, participation in seminars and research projects, publications, and other awards.*)
3. Experiencia laboral: cargo, entidad donde trabajó, duración. (*Work experience: position, companies and organizations where he/she has worked, and length of time he/she has worked on each job.*)
4. Publicaciones: título de la publicación, editorial, ciudad y fecha. (*Publications: title, publisher, city, and date.*)

Exercise 2

1. medicina: ciencia que se ocupa de curar y prever las enfermedades. (*medicine: the science that deals with the cure and prevention of disease.*)
2. carpintería: arte de trabajar la madera. (*carpentry: the art of woodworking.*)

Exercise 3

1. psicólogo/a
2. matemático/a
3. lingüista
4. terapeuta

Exercise 4

Nombre y apellidos: Alberto González Correa
Dirección: Calle Villamil 21 1a. C.P. 28040 Madrid
Teléfono: 914509190
E-mail: beto@ptr.es
Lugar y fecha de nacimiento: 06-17-1973 Oviedo. España
Nacionalidad: española

Formación académica

• Licenciado en arquitectura. Universidad Complutense. Madrid. 1996.

- Magíster en Administración de Empresas. Universidad Autónoma de Madrid. Madrid 2000.

Experiencia laboral

- Arquitecto asociado. Sociedad mixta de diseño y gestión. Madrid. 4 años. 1996–2000.

Participación en seminarios y proyectos de investigación

- "Recuperación del casco antiguo". Ponente. Universidad de Oviedo. 1999.
- "El crecimiento de la ciudad y su armonía". Ponente. Barcelona. 2001.

Publicaciones

- "Las zonas de pobreza de Madrid". Editorial Tercer Mundo. Madrid. 2001.
- "Necesidades de los habitantes de las pequeñas ciudades". Editorial Tercer Mundo. Madrid. 2002.

Otros méritos

- Premio al proyecto urbanístico: centros comerciales y bienestar social. Barcelona. 1998.
- Premio: "arquitectos jóvenes promesas". Ayuntamiento de la comunidad de Madrid. 1997.

Exercise 5

Pilar Galofre Santos
Palmas 317 **C.P.** 10600. México. D.F.
Teléfono: 6683506
Lugar y fecha de nacimiento: 11-6-1975. México. D.F.
Nacionalidad: mexicana

Formación académica

Licenciada en español-inglés. Universidad Autónoma de México. 1998.
Especialista en traducción. Colegio de México. 2000.

Experiencia laboral

Profesora de inglés. Gimnasio Moderno. México. **D.F.** 1998–2001.

Participación en seminarios y proyectos de investigación

La traducción: historia y perspectivas. Asistente. Universidad de Salamanca. España. 2001.

Publicaciones

"Las frases de cortesía en español e inglés". Universidad Autónoma de México. México. D.F. 1999.

Exercise 6

Podría ser (*Possible answers*):

Nombre y apellidos: Nancy González Perry
Dirección: Oak Street, North 504. Arlington, Virginia 22207 EEUU
Teléfono: 703-555-7660
Lugar y fecha de nacimiento: Albany, New York. 2 de octubre del 1977.
Nacionalidad: estadounidense

Formación académica

High School Diploma 1995. Yorktown High School.
B.S. Accounting 1999. Virginia Polytechnic Institute. Blacksburg, Virginia.

Experiencia laboral
Salvavidas (veranos 1994–1999)
Contadora, 1999–presente. Mitre Corporation, Fairfax, Virginia.
Publicaciones
"El Internet para abuelos". ABC Publications, 2001 DATOS.

Exercise 7

1. En Colombia. (*In Colombia.*)
2. Es más alto. (*He is taller.*)
3. Juan no conoce los Estados Unidos. (*Juan has not been to the United States.*)

Exercise 8

1. alegre: persona que siempre está contenta, feliz (*happy, cheerful: a happy person is one who is always in a good mood*)
2. sincero: persona que dice siempre la verdad (*sincere: a person who always tells the truth*)
3. responsable: persona que cumple con sus deberes y obligaciones (*responsible: refers to a person who fulfills his or her duties and obligations*)

Exercise 9

1. imaginativa
2. cariñosa
3. fuerte
4. educada

Exercise 10

Podría ser (*Possible answers*):

María es mi mejor amiga. Tiene 24 años, y es bajita y muy delgada. Posee unos hermosos ojos color miel; su piel es negra y sus dientes son muy blancos. Ella estudia arquitectura en la universidad y pertenece al grupo de danzas de la universidad. Es muy alegre y servicial.

María is my best friend. She is 24 years old, and she is small and very slender. She has beautiful honey-colored eyes; she is black and her teeth are very white. She studies architecture at the university and she is in the university dance group. She is very happy and helpful.

Exercise 11

SEMEJANZAS		DIFERENCIAS	
ojos color café	*brown eyes*	blanco/moreno	*white/black, brown*
pestañas largas	*long eyelashes*	alto/bajo	*tall/short*
cejas abundantes	*bushy eyebrows*	delgado/gordo	*thin/fat*
boca pequeña	*small mouth*	inteligente/lento	*intelligent/stupid*
		sencillo/presumido	*modest/arrogant*
		alegre/triste	*happy/sad*
		buen amigo / mal amigo	*good friend / bad friend*

Exercise 12

1. Ambos pueden tener razón, todo depende del parámetro desde el cual se hace la descripción. Por ejemplo, para una persona que mide 1.58 m., alguien de 1.74 m. es alta pero para quien mide 1.70 m. es posible que no. (*Both of them can be right, it depends on the point of view from which the description is being made. For instance, for a person 1.58 meters tall, someone who measures 1.74 meters seems tall, but for someone who is 1.70 meters, it's quite possible he or she isn't.*)
2. Sí. (*Yes.*)
3. Los relacionados con el color de piel, el tamaño, la altura, el peso y sus cualidades (defectos). (*Those related to skin color, size, height, weight, and good qualities [or faults].*)
4. Señala las consecuencias negativas de poseer estas características: cejas abundantes, ojos color café y boca pequeña. (*He or she points out the negative effects of having these characteristics: bushy eyebrows, brown eyes, and a small mouth.*)

Exercise 13

Algunas posibilidades pueden ser (*Possible answers*):

1. ... las demás partes de la cara se pierden. (. . . *the other parts of the face are lost.*)
2. ... nada le queda bien. (. . . *nothing suits him.*)
3. ... nos sentimos mal estando a su lado. (. . . *we feel bad when we're around him.*)
4. ... no es exótico. (. . . *he's not exotic.*)

Exercise 14

Me llamo Pilar Galofre Santos. Tengo 26 años. Nací en México, en el Distrito Capital. Soy profesora de inglés. **M**e gusta mucho escribir**,** ver la televisión**, i**r al cine**, b**ailar**, j**ugar baloncesto y **p**intar.

Exercise 15

Soy Nancy González. Nací hace 25 años en la linda ciudad de Nueva York. Trabajo en una agencia de viajes. Soy delgada, morena, ojos claros, boca muy grande y pelo negro. Mis padres son latinoamericanos y emigraron hace más de 30 años a los Estados Unidos. Me gusta mucho bailar. Pienso que es uno de los mayores placeres humanos. En una discoteca conocí a mi actual novio. Es un ser maravilloso, como yo. Soy un poco malgeniada e impaciente. Me gusta hacer todas las cosas rápidamente y me molestan mucho las personas lentas.

My name is Nancy González. I was born 25 years ago in the beautiful city of New York. I work for a travel agency. I am thin, brown, with light eyes, a wide mouth, and black hair. My parents are Latin American and emigrated more than 30 years ago to the United States. I like dancing very much. I think it is one of the greatest human pleasures. I met my present boyfriend at a disco. He is a marvelous person, as I am. I am a little bad-tempered and impatient. I like to do things quickly, and I don't like slow-moving people too much (slow-moving people really bother me).

UNIT 3

Exercise 1

1. Su experiencia profesional. (*Her professional experience.*)
2. Fecha, encabezado, saludo, cuerpo de la carta, despedida, nombre y firma.
   (*Date, heading, salutation, closing, body of the letter, name, and signature.*)
3. Estimados señores. (*Dear Sirs.*)
4. Atentamente. (*Sincerely yours.*)
5. Se hace referencia al anuncio y se expresa el interés de ocupar el cargo que se
   ofrece. (*She refers to the advertisement and expresses her interest in the position
   offered.*)

Exercise 2

He visto su anuncio solicitando un Ingeniero de Minas en el diario La Nueva
España, del domingo 9 de septiembre.

Quisiera ser considerada como candidata para este cargo.

- He trabajado en temas de producción industrial y actualmente, en temas de
  mantenimiento mecánico.
- Me gustaría continuar mi carrera profesional como responsable de mantenimiento
  de líneas de fabricación.
- He trabajado durante más de un año en el sector de nuevas tecnologías de
  información.
- He vivido un año en Inglaterra.

Exercise 3

Enero, febrero, marzo, abril, mayo, junio, julio, agosto, septiembre, octubre,
noviembre, diciembre.

Exercise 4

Para iniciar (*To open*): Señor (Sr.), doctora (Dra.), apreciados/estimados/respetados/
distinguidos señores.

Para terminar (*To close*): reciba un atento saludo, atentamente, cordialmente, sin otro
particular.

Exercise 5

Podría ser (*Possible answers*):

Lugo, 6 de febrero del 2003

Señores
Muebles Prior
A.A. 5673

Estimados señores:

Me dirijo a ustedes para ofrecerles mis servicios como comercial. Poseo una amplia
experiencia en los productos inmobiliarios de la Costa Blanca, conduzco desde hace
más de diez años y no tengo ningún inconveniente en viajar en cualquier momento.

Por lo tanto, considero que reúno los requisitos que ustedes han señalado en su
anuncio.

En mi currículum vitae, que anexo a continuación, pueden comprobar la información que he presentado.

Les agradezco la atención prestada.

Atentamente,
Astrid Peña

Lugo, February 6, 2003
Muebles Prior
A.A. 5673
Dear Sirs:

I am writing to express my interest in your sales position. I have considerable experience with furniture made in Costa Blanca; I have been driving for more than ten years, and I have no problem with traveling at your convenience.

For these reasons, I feel that my qualifications cover all the requirements mentioned in your advertisement.

My curriculum vitae, enclosed herein, will verify the information mentioned above.

Thank you for your attention.

Sincerely yours,
Astrid Peña

Exercise 6

Soy graduada en Artes Aplicadas con especialidad en Decoración. He colaborado con diversas instituciones dictando clases de decoración y tengo 3 años de experiencia profesional en el sector.

I graduated in Applied Arts and with a specialization in Interior Decoration. I have worked with different institutions teaching interior design, and I have 3 years of professional experience in the area.

Exercise 7

Nueva York, julio 8 del 2003
Señores
Agencia de Viajes Travelers
La ciudad

Respetados señores:

Me dirijo a ustedes para ofrecerles mis servicios como coordinadora de viajes para América Latina.

Estudié hotelería y turismo y he trabajado durante 5 años en una agencia de viajes; por lo tanto, conozco bien el oficio de coordinador de viajes. Así mismo soy hija de padres latinoamericanos y he viajado por varios de estos países. Por lo cual, podría realizar una buena labor.

Quedo a la espera de una respuesta favorable y les agradezco de antemano su atención.

Cordialmente,
Nancy González
P.D. Anexo hoja de vida.

New York, July 8, 2003
Traveler's Travel Agency
This city
Dear Sirs:
I am writing to offer my services as travel coordinator for Latin America.
I studied Hotel Management and Tourism, and I worked for five years in a travel agency. Therefore, I am very familiar with what this job demands. Furthermore, my parents are Latin American and I have traveled in some of these countries. For these reasons, I believe I could do a very good job.
I look forward to hearing from you. Thanking you in advance.
Sincerely yours,
Nancy González
P.S. I am enclosing my C.V.

Exercise 8

1. Mario Pardo. (*Mario Pardo.*)
2. Para ver si en realidad Pilar cumple los requisitos para poder ser contratada. (*To ascertain whether Pilar fulfills the requirements to be able to be hired.*)
3. Recibimos su solicitud del 10 de septiembre. (*We received your application of September 10.*)
4. Nos complace informarle que... (*We are pleased to inform you that . . .*)

Exercise 9

1. Rubén Garzón. (*Rubén Garzón.*)
2. Para indicar que es una buena estudiante. (*To show what a good student she is.*)
3. Cordialmente. (*Sincerely.*)
4. Quiere que le den la beca a Silvia. (*He wants them to give a scholarship to Silvia.*)

Exercise 10

Podría ser (*Possible answers*):

Respetados señores:

La presente tiene por objeto presentarles a la señorita **Lucía Giraldo, secretaria ejecutiva,** con quien hemos **venido trabajando desde hace más de 5 años.** La señorita **Giraldo** visita México para **conocer las nuevas tecnologías relacionadas con la informática** y nos sentiríamos muy agradecidos si colaboraran con ella para llevar a cabo su tarea.

Dear Sirs:

This is to introduce Miss Lucia Giraldo, an executive secretary with whom we have worked for more than 5 years. Miss Giraldo is visiting Mexico to learn about new information technologies, and we would be very grateful if you could help her to accomplish her goal.

Exercise 11

Podría ser (*Possible answers*):

Lima, 17 de marzo del 2003

Señorita

Maria Santana

La ciudad

Estimada María:

Siento informarle que su solicitud ha llegado tarde y ya hemos contratado a la decoradora para que ocupe el puesto vacante. Tendremos en cuenta su currículum vitae en el futuro.

Cordial saludo,

Ismael Giraldo

Gerente

Lima, March 17, 2003

Miss Maria Santana

This city

Dear María,

I am sorry to inform you that your application arrived late. We have already hired the decorator for the vacant position. We will consider your curriculum vitae for any future openings.

Sincerely yours,

Ismael Giraldo

Manager

Exercise 12

Sevilla, febrero 13 del 2003

Señores

Sociedad Argentina de la Tercera Edad

Calle Villamil 21 1.d

C.P. 33049

Estimados señores:

Por medio de la presente les pido, respetuosamente, que consideren el nombre del señor Carlos Durán para recibir la ayuda económica que ustedes están ofreciendo.

El señor Durán tiene 60 años y está desempleado desde hace cinco años ya que nadie quiere contratarle por su edad. No tiene ningún tipo de ingreso y está pasando por una situación muy mala.

Por lo tanto, les agradecería cualquier tipo de ayuda que puedan darle.

Cordialmente,

Ciro Ramos

Párroco de Pumarín

Seville, February 13, 2003
Argentina Association for Senior Citizens
Calle Villamil 21 1.d
C.P. 33049
Dear Sirs:
This letter respectfully asks you to consider Mr. Carlos Durán as a recipient of the economic assistance which you offer.
Mr. Durán is 60 years old and has been unemployed for the past five years, since no one wishes to hire him due to his age. He has no income and is currently in an extremely difficult situation.
I would be grateful to you for any kind of assistance that you can offer him.
Cordially,
Ciro Ramos
Pumarín Parish

Exercise 13

Podría ser (*Possible answers*):

Cali, julio 25 del 2003

Señor
Felipe Pardo Torres
Director
Hotel Las Orquídeas

Querido amigo:

Quisiera recomendarte para el puesto de jefe de cocineros al señor Pedro Castro Roa, a quien conozco desde hace más de 10 años.

El estudió Hotelería y Turismo, ha trabajado en importantes hoteles de la ciudad y en todos ellos se ha destacado por su trabajo y responsabilidad. Por esta razón, me atrevo a recomendártelo.

Sin otro particular,
Oscar Prieto Suárez

Cali, July 25, 2003
Mr. Felipe Pardo Torres
Director
Las Orquídeas Hotel
My dear friend,
I would like to recommend Mr. Pedro Castro Roa for the position of chef de cuisine. I have known him for more than ten years.
He studied Hotel Management and Tourism and has worked for several important hotels in the city. In all of them, he excelled through his work and his responsible nature. I therefore take this opportunity to recommend him to you.
Faithfully yours,
Oscar Prieto Suárez

Exercise 14

Podría ser (*Possible answers*):

Buenos Aires, mayo 17 del 2003
Señor
Julián Ardila
La ciudad
Estimado señor:
En relación con su carta del 29 de abril, siento informarle que su perfil académico y laboral no cumple con los requisitos que estamos buscando para un asesor financiero.
Sin otro particular,
Teresa Suárez
Vicepresidenta Comercial

Buenos Aires, May 17, 2003
Mr. Julián Ardila
This city
Dear Sir:
Referring to your letter of April 29, I regret to inform you that your academic and professional profile does not fulfill the requirements we are looking for in a financial advisor.
Yours sincerely,
Teresa Suárez
Commercial Vice President

Exercise 15

	PERSONA GRAMATICAL	PRESENTE	PRETÉRITO	PERFECTO
lamentar	(yo)	lamento	lamenté	he lamentado
	(tú)	lamentas	lamentaste	has lamentado
	(él / ella)	lamenta	lamentó	ha lamentado
	(nosotros/as)	lamentamos	lamentamos	hemos lamentado
	(vosotros/as)	lamentáis	lamentasteis	habéis lamentado
	(ellos / ellas)	lamentan	lamentaron	han lamentado
agradecer	(yo)	agradezco	agradecí	he agradecido
	(tú)	agradeces	agradeciste	has agradecido
	(él / ella)	agradece	agradeció	ha agradecido
	(nosotros/as)	agradecemos	agradecimos	hemos agradecido
	(vosotros/as)	agradecéis	agradecisteis	habéis agradecido
	(ellos / ellas)	agradecen	agradecieron	han agradecido
recibir	(yo)	recibo	recibí	he recibido
	(tú)	recibes	recibiste	has recibido
	(él / ella)	recibe	recibió	ha recibido
	(nosotros/as)	recibimos	recibimos	hemos recibido
	(vosotros/as)	recibís	recibisteis	habéis recibido
	(ellos / ellas)	reciben	recibieron	han recibido

sentir	(yo)	siento	sentí	he sentido
	(tú)	sientes	sentiste	has sentido
	(él / ella)	siente	sintió	ha sentido
	(nosotros/as)	sentimos	sentimos	hemos sentido
	(vosotros/as)	sentís	sentisteis	habéis sentido
	(ellos / ellas)	sienten	sintieron	han sentido

Exercise 16

El tema del presente trabajo es la reducción de la jornada laboral de 40 a 35 horas semanales. Por tanto, a lo largo de él se tratará de resolver cuestiones como: ¿qué característica tiene esta reducción?, ¿cuál es el origen de esta idea?, ¿cómo se ha presentado en la Unión Europea (UE)?, ¿cómo se ha tomado y llevado a cabo en España?, ¿qué opinan los diferentes agentes sociales involucrados en esta decisión?

El objetivo que nos proponemos es, entonces, dilucidar de manera general esta temática para que el lector se haga una idea lo más completa posible en relación con ella. Como se verá en el desarrollo del trabajo, hay argumentos en pro y en contra de este planteamiento y hay argumentos que apoyan la viabilidad del proyecto y otros que la cuestionan. No es nuestro propósito inclinarnos por ninguna posición sino presentar la información de manera objetiva para que sea el lector mismo quien tome sus propias posturas.

Una característica esencial de la idea de la reducción de la jornada laboral es que no implica una disminución del salario ni un desmejoramiento de las condiciones de vida de los empleados, sino una forma de generar empleo. Esta medida implica una ayuda del estado a las empresas que la fomenten, ayuda que se traduce en reducción de impuestos y ayuda económica.

UNIT 4
Exercise 1

1. Santiago de Compostela, una pequeña ciudad en el noroeste de España / catedral de estilo románico, centro de peregrinación. (*Santiago de Compostela is a small city in the northeast of Spain / Romanesque style cathedral, pilgrimage center.*)
2. Está contenta. (*She is happy.*)
3. Se describe el sitio donde uno se encuentra o los monumentos que allí hay y el estado de ánimo. (*You describe the place where you are or the tourist sites located there and the mood you are in.*)
4. Al novio de Sara. (*To Sara's boyfriend.*)
5. Con las frases: "Un abrazo muy fuerte. Hasta la vuelta." (*With the expressions: "A big hug" and "See you when I get back."*)

Exercise 2

Podría ser (*Possible answers*):

Definitivamente, me gusta mucho Oviedo. Es una ciudad pequeña, tranquila, llena de lugares bellos, como la catedral y la plaza del ayuntamiento. Quien visita una vez esta ciudad, quiere volver a verla, vivir en ella.

I definitely like Oviedo a lot. It is a quiet, small city, filled with beautiful places such as the cathedral and the city council square. Anyone visiting this city once wants to come back to it, and even to live there.

Exercise 3a

Podría ser (*Possible answers*):

1. Me gustan los pueblos que **luchan por mantener su identidad.**
2. La escalera que **comunica los dos pisos** está hecha en mármol.
3. La puerta que **está a la entrada del pueblo** es la más antigua de la ciudad.
4. Visité las islas que **me recomendaste.**

Exercise 3b

5. Las torres, que **rodean la ciudad**, fueron hechas en el siglo III A.C.
6. El monasterio, que **fue creado por los jesuitas**, es el centro de la ciudad antigua.
7. Las fuentes, que **fueron hechas en el siglo I**, adornan la ciudad.
8. Las avenidas, que **atraviesan la ciudad**, son demasiado estrechas.

Exercise 4

Podría ser (*Possible answers*):

Querida hermana:

Estoy en Guainía, un exótico departamento de Colombia. No te imaginas qué paisaje tan sorprendente y qué tranquilidad hay.

Me gustaría tener dinero para permanecer más tiempo en este paraíso, leyendo todo lo que no he podido leer.

Eduardo

My dear sister,

I am in Guainía, an exotic region of Colombia. You can't imagine how striking the scenery is and how quiet it is here.

I'd like to have enough money to stay longer in this paradise, reading everything I have not yet been able to read.

Eduardo

Exercise 5

Yo vivo en Miami. En esta ciudad puedes divertirte mucho. Si te gusta la playa, los centros comerciales y la rumba, tienes a Miami Beach. En esta zona puedes encontrar discotecas y bares de todo tipo. Si te gustan los animales, puedes visitar el "Metrozoo" o el "Seaworld" donde puedes ver delfines, focas y todas las atracciones marinas que te puedas imaginar. Por todo esto, te invito a conocer mi ciudad. Te va a encantar.

I live in Miami. In this city you can have a lot of fun. If you like the beach, shopping centers, and dancing the rumba, you've got Miami Beach. In this area you can find dance clubs and bars of every kind. If you like animals, you can visit the Metro Zoo or SeaWorld, where you can see dolphins, seals, and all the marine attractions you can imagine. That's why I want to invite you to get to know my city. You're going to love it.

Exercise 6

1. Astrid, Graciela y Virginia. (*Astrid, Graciela, and Virginia.*)
2. El nacimiento de un bebé. (*The birth of a baby.*)
3. El hijo de Sandra que acaba de nacer. (*Sandra's son who has just been born.*)
4. Se quiere compartir con otra persona la alegría que se siente por algún acontecimiento bueno que le ha ocurrido. (*It is to convey to another person how happy you are that a good event happened to him or her.*)
5. Los datos del destinatario: su nombre completo y su dirección. (*Addressee information: his or her complete name and mailing address.*)

Exercise 7

Una respuesta posible puede ser (*One possible answer could be*):

Querido Felipe: me alegro mucho de saber que has obtenido tu título de cocinero profesional. Te felicito y te deseo muchos éxitos en tu futura carrera.

Dear Felipe, I am so happy to know you received your diploma as a professional chef. Congratulations, and I wish you great success in your future profession.

Exercise 8

Estoy feliz de ser madre porque nunca había experimentado un sentimiento igual. Mi bebé está precioso. Santiago y yo les mandamos un beso.

I am happy being a mother. I have never before experienced a feeling similar to this one. My baby is beautiful. Kisses from Santiago and me.

Exercise 9

Podría ser (*Possible answers*):

Sevilla, 25 de mayo del 2003

Queridas amigas:

Me encantó recibir vuestra tarjeta. Os agradezco mucho este lindo detalle.

Estoy feliz de ser madre porque nunca había experimentado un sentimiento igual. El parto fue muy difícil y al final me tuvieron que hacer una cesárea. Sin embargo, se me pasó todo el dolor al ver a mi bebé. Santiago pesó 3400 gramos y midió 52 cm. Está precioso.

Santiago y yo les mandamos un beso.

Sandra

Sevilla, May 25, 2003

Dear Friends,

It was wonderful to receive your card. Thank you very much for this beautiful gesture. I am happy being a mother because I have never felt this way before. It was a difficult birth, and at the end I had to have a Cesarean. However, I forgot all my pain when I saw my baby. Santiago's weight was 3400 grams and his length was 52 cm. He is beautiful.

Kisses from Santiago and me.

Sandra

Exercise 10

Podría ser (*Possible answers*):

Le manifiesto mi interés de asistir a este interesante evento.
Lizeth Martínez

I am very interested in attending this interesting event.
Lizeth Martínez

Estimado Fernando: siento mucho no poder asistir a la ceremonia de premiación pero el viernes a esa misma hora dicto una conferencia sobre lectura en la biblioteca nacional. Le ruego me disculpe.
Cecilia Ordóñez

Dear Fernando, I'm sorry I cannot attend the awards ceremony, but on Friday, at the very same time, I will be giving a lecture about reading at the National Library. I hope you can forgive me.
Cecilia Ordóñez

Exercise 11

Podría ser (*Possible answers*):

CARLOS SIERRA   CARMEN VANEGAS
Tenemos el gusto de invitarlo a la reunión
Con motivo de los quince años de nuestra hija
JOHANNA SIERRA VANEGAS
Recepción:
Centro de convenciones Teusaquillo
Calle 34 N. 15-24 Salín Victoria
Día: sábado 7 de junio
Hora: 7:30 P.M.
Confirmar: tel. 3687876
Lluvia de sobres–Traje de cóctel

CARLOS SIERRA   CARMEN VANEGAS
We are pleased to invite you
to celebrate our daughter's 15th birthday
JOHANNA SIERRA VANEGAS
Reception at the:
Teusaquillo Conference Center
Calle 34 N. 15-24 Salín Victoria
Date: Saturday, June 7
Time: 7:30 P.M.
R.S.V.P.: tel. 3687876
"Shower of Envelopes"–Semi-formal dress

Exercise 12

Podría ser (*Possible answers*):

Estimado Rubén:

Le agradezco mucho la invitación que me hace. Con gusto asistiré a la inauguración de tan importante exposición.

Carmen Palacios

Dear Rubén,

Thank you very much for the invitation. I will be glad to attend the opening of such an important exhibition.

Carmen Palacios

Exercise 13

Hola Juanita:

Hoy hemos ido al zoológico y hemos visto los siguientes animales: búfalos, llamas, gallinas, caballos, patos, cabras y ovejas. Es un zoológico pequeño y por eso no hay más animales. Felipe estaba feliz con el paseo; en cambio Julián dijo: "¡He visto más animales por la televisión!"

Hi, Juanita,

Today we went to the zoo and we saw the following animals: buffalos, llamas, hens, horses, ducks, goats, and sheep. It is a small zoo. That's why there are no more animals. Felipe was happy with the visit; on the other hand, Julián said: "I've seen more animals on TV!"

Exercise 14

Podría ser así (*Possible answers*):

Los museos son una extraordinaria invención del hombre. Allí están guardadas y preservadas las manifestaciones más importantes de un pueblo o de un grupo de personas destacadas.

Visitar un museo es como iniciar un largo viaje por la vida humana. Por ejemplo, si visitas un museo etnográfico te das cuenta de que **el hombre ha pasado por distintas etapas y ha elaborado diversos instrumentos para sobrevivir.**

Para mi los museos que **exponen las obras de los pintores y escultores** son los mejores, pues viendo las obras de un mismo artista puedes entender su estilo y su forma de interpretar la realidad.

¡Definitivamente no hay ningún lugar mejor para aprender que un museo!

Museums are an extraordinary invention of mankind. The most important manifestations of a people or an outstanding group of people are kept and preserved there.

Visiting a museum is like taking a long trip through human life. For example, visiting an ethnographic museum you realize that humanity has passed through different stages and that to survive it has developed a great variety of tools.

For me, the museums that exhibit the works of painters and sculptors are the best because, seeing a number of works by the same artist, you can understand his or her style and way of interpreting reality.

There is definitely no better place to learn than a museum!

UNIT 5

Exercise 1

1. Quiere conseguir una persona para alquilar una parte del apartamento donde ella vive. (*She wants to find a person to share her apartment.*)
2. Significa que tiene los muebles necesarios para poder habitarlo. (*It means it has all the necessary furniture to be able to live there.*)
3. Para indicar que está muy bien ubicado y de esta manera conseguir clientes. (*To indicate that it is very well located and thus to attract customers.*)
4. La comunidad es el valor que se paga por la administración del edificio donde uno vive. (*"La comunidad" is what you pay for the maintenance of the building where you live.*)
5. Significa que el inquilino no tiene que pagar el valor de la comunidad ni del agua pues en el valor del arriendo ya están incluidos. Ella dice esto para indicar que el apartamento tiene un buen precio. (*It means the tenant does not have to pay extra for maintenance or water because the cost is included in the rent. She says that to stress the affordable price of the apartment.*)

Exercise 2

1. nuevo: viejo
2. iluminado: oscuro
3. silencioso: ruidoso
4. amplio: estrecho

Exercise 3

Podría ser (*Possible answers*):

Comparto piso nuevo, amueblado, amplio, silencioso, bien iluminado, buena zona. 180 euros mensuales, comunidad y agua incluidas. 60587423

To share, new apartment, furnished, spacious, quiet, well lit, good area. 180 euros monthly, maintenance and water included. 60587423

Exercise 4

1. Un animal **cuadrúpedo** tiene cuatro patas.
2. Un objeto **pesado** tiene gran peso.
3. Un animal **doméstico** vive cerca al hombre.
4. Un objeto **bello/bonito/hermoso** posee belleza.

Exercise 5

Se necesitan limpiadores menores de 30 años para Avilés y Cuenca. Apartado 789 Avilés.

Se venden tres terneras. 872188987

Se necesita camarero con experiencia para trabajar en cafetería. 93567421

Exercise 6

Podría ser (*Possible answers*):

Se me perdió mi perro pequinés. Es delgado, blanco, orejas largas, pies muy cortos. Lleva un collar con su nombre: Yina. Es muy despierto y juguetón. Quien lo haya encontrado, por favor, devolvérmelo. Les daré una recompensa. Llamar al 76539.

My Pekinese is lost. She is thin, white, with long ears and short legs. She has a collar with her name on it: Yina. She is very intelligent and playful. If you found her, please return her. Reward offered. Please call 76539.

Exercise 7

Un buen anuncio debe ser: **objetivo, corto, convincente**. (*A good advertisement must be: objective, short, and convincing.*)

Exercise 8

Dicto clases particulares de inglés a niños y adultos a muy buen precio. Soy licenciado en filología inglesa y nací en Massachusetts (USA). Mayores informes en el teléfono 033102678.

Private English lessons for children and adults at reasonable prices. I have a Bachelor's degree in English Literature and was born in Massachusetts (U.S.A.). For more information call: 033102678.

Exercise 9

1. Quiere decir que no va a dormir esa noche en la casa donde vive. (*It means she is not going to sleep that night at her house.*)
2. Significa "en consecuencia." (*It means "therefore, as a consequence."*)
3. Chao. (*Ciao—good-bye*)

Exercise 10

"Chao" = adiós, hasta luego, hasta pronto.

Exercise 11

Podría ser (*Possible answers*):

Paloma:

Laura no se queda esta noche en casa. Está donde Armando. Me dijo que te dijera que ella te llamaba mañana o que tú la llamaras hoy al móvil.

Manuel

Paloma,

Laura is not coming home tonight. She is at Armando's. She said to tell you she'll call you tomorrow or you should call her today on your cell phone.

Manuel

Exercise 12

1. Cualquier persona que tenga un bebé, viva con un niño o esté a cargo de uno. (*Someone who has a baby, lives with a child, or who is in charge of one.*)
2. Para recordar las cosas que debía hacer. (*To remember things he/she had to do.*)
3. El ejemplo 1 es un texto que se hace para una persona; el texto 2 se hace para uno mismo. En el texto 2 el verbo suele ponerse en infinitivo o incluso puede no aparecer el verbo sino el listado de actividades. (*Example 1 is a note for another person, example 2 is for oneself. In example 2 the verb usually appears in the infinitive or it doesn't appear at all, simply a list of activities.*)

Exercise 13

Podría ser (*Possible answers*):

1. Mamá: hoy llego tarde porque **debo hacer una vuelta en el banco**. (*Mom: Today I'll get home late because I have to do a bank errand.*)
2. Isabel: iré a recoger a nuestra hija aunque **tengo mucho trabajo**. (*Isabel: I'll go pick up our daughter, even though I have a lot of work.*)
3. Pedro: primero haz las compras y después **arregla la casa**. (*Pedro: First go shopping and then clean [tidy up] the house.*)
4. Andrea: ve a la oficina de correo, luego **prepara la cena**. (*Andrea: Go to the post office, then prepare dinner.*)
5. Tomar las medicinas a las cuatro y **lavar tu ropa**. (*Take the medicines at four and wash your clothes.*)

Exercise 14

1. No puedo recoger los vestidos; por lo tanto, hazlo tú, por favor. (*I can't pick up the clothes; so please do it yourself.*)
2. Observe las palabras, luego complete los espacios en blanco. (*Note the words, then fill in the blanks.*)
3. Limpie toda la casa puesto que (pues, porque, ya que) está muy sucia. (*Clean the house because it's very dirty.*)
4. Hable con seguridad aunque tenga miedo. (*Speak with self-confidence although you may be afraid.*)
5. Ve de compras pero (no obstante) no gastes demasiado dinero. (*Go shopping but [nevertheless] don't spend too much money.*)

Exercise 15

1. Mi amor: cuelga la ropa ya que (**pues, puesto que, porque**) se puede arrugar. (*Darling: Hang up the wash because [since] it can wrinkle.*)
2. Hija: cómete las frutas **pero** (**no obstante**) lávalas antes. (*Daughter: Eat the fruit but [nevertheless] wash it first.*)
3. Juanita: saca la basura **aunque** no hay mucha. (*Juanita: Take out the garbage although there is not too much.*)
4. César: seca la vajilla **y** (**luego**) pon la mesa. (*César: Dry the dishes and [then] set the table.*)
5. Señor: le dejé los papeles en el escritorio, **por lo tanto** (**por consiguiente, así pues**), los encontrará allí. (*Sir: I left the documents on the desk, therefore [consequently, so] you can get them there.*)

Exercise 16

Podría ser (*Possible answers*):

No olvidar (*Don't forget*):

• hacer el plan de estudios (*prepare the syllabus*)
• calificar los exámenes (*correct the exams*)
• entregar las notas (*submit grades [to students]*)
• revisar los proyectos (*check the projects*)

Exercise 17

PRONOMBRES	COMPLETAR	LEER	SALIR	IR
(tú)	completa	lee	sal	ve
(usted)	complete	lea	salga	vaya
(vosotros)	completad	leed	salid	id
(ustedes)	completen	lean	salgan	vayan

Exercise 18

Podría ser (*Possible answers*):

1. Manuel: esta noche no me quedo en casa porque **tengo que estudiar con Pedro**. (*Manuel: Tonight I'm not staying home because I have to study with Pedro.*)
2. Cierra bien la puerta pues **es peligroso dejarla abierta**. (*Lock the door carefully because it's dangerous to leave it open.*)
3. Me encuentro en casa de Armando porque **tengo que recoger unos documentos**. (*I am at Armando's home because I have to pick up some documents.*)

Exercise 19

Podría ser (*Possible answers*):

1. Es un piso amueblado, por esto **usted no tiene que gastar dinero en muebles**. (*It is a furnished apartment, so you don't have to spend money on furniture.*)
2. Es silencioso por lo tanto **podrá estar tranquilo en él**. (*It is quiet, therefore you'll be able to be tranquil there.*)
3. Está cerca de dos líneas de metro y una línea de autobús. Por lo tanto **está bien comunicado**. (*It is near two metro lines and a bus line; therefore, it is well connected.*)

Exercise 20

1. (B) La gente antiguamente era más solidaria **pues** todos se ayudaban entre sí. (*Formerly people were more supportive because they helped each other.*)
2. (M) Ahora vamos al estadio, al parque, y a la piscina; **en consecuencia** no tenemos dinero. (*Now we'll go to the stadium, the park, and the swimming pool; as a consequence we don't have any money.*)
   Correct version: Ahora vamos al estadio, al parque, y a la piscina; **no obstante** (or **pero**) no tenemos dinero. (*Now we'll go to the stadium, the park, and the swimming pool, although we don't have any money.*)

3. (M) A los niños les encanta la televisión, **aunque** les dañe los ojos. (*Children adore TV, although it hurts their eyes.*)
4. (B) Los animales son hermosos, **por consiguiente** debemos quererlos. (*Animals are beautiful, consequently we must love them.*)

Exercise 21

Los medios actuales de comunicación permiten con mayor facilidad que antes el diálogo entre los seres humanos pero **algunas personas no poseen los aparatos necesarios para comunicarse.**

Today's means of communication allow human beings to communicate with each other more easily than ever before, but some people do not own the necessary equipment.

UNIT 6

Exercise 1

1. Es la dirección de correo electrónico de Lola. (*It is Lola's e-mail address.*)
2. Cabecera, cuerpo, firma. (*Heading, body, signature.*)
3. El tema o asunto del e-mail. (*The topic or subject of the e-mail.*)
4. A una carta. (*A letter.*)
5. Es un presupuesto. (*It is a price quote [estimate].*)

Exercise 2

Cabecero

De: Lola Suárez <losu@net.es> [quien envía el e-mail]
Para: Esteban Pérez <esteban@hotmail.com> [a quien se envía el e-mail]
Asunto: Solicitud de la cotización [tema]
Fecha: viernes, 14 sep 2001

Cuerpo

Respetado señor:
Aún no he recibido la cotización que le solicité la semana pasada en relación con el cartón de 3 mm. Le agradecería que me la hiciera llegar lo más pronto posible.

Firma

Lola Suárez
Jefe de compras

Heading

From: *Lola Suárez <losu@net.es> [sender]*
To: *Esteban Pérez <esteban@hotmail.com> [recipient]*
Subject: *Request for a price quote*
Date: *Friday, September 14, 2001*

Body

Dear Sir:
Although I have not received the price quote I requested last week concerning the 3 mm. cardboard, I would be very grateful if you could send it to me as soon as possible.

Signature
Lola Suárez
Principal buyer

Exercise 3

Podría ser (*Possible answers*):

De: Esteban Pérez <esteban@hotmail.com>
Para: Lola Suárez <losu@net.es>
Asunto: cotización
Fecha: lunes, 17 sep 2001 7:01

Respetada señora:

Reciba un cordial saludo. Le envío en el archivo adjunto la cotización que me solicitó. Discúlpeme por la demora.

Cordialmente,
Esteban Pérez

From: Esteban Pérez <esteban@hotmail.com>
To: Lola Suárez <losu@net.es>
Subject: Price quote
Date: Monday, 17 Sep 2001 7:01

Dear Madam,

Please accept my best wishes. I am attaching a file containing the price quote you requested. I apologize for the delay.

Sincerely yours,
Esteban Pérez

Exercise 4

Podría ser (*Possible answers*):

Le solicito, comedidamente, que estudie la posibilidad de otorgarme un permiso de cinco días para poder asistir al seminario "La educación hoy".

May I ask you to consider the possibility of giving me five days leave so that I may attend the seminar "Education Today"?

Exercise 5

En el primer párrafo sólo hay una idea. Los otros quedan de la siguiente manera:

Señores clientes:

Nos complace informarles que a partir del 1 de agosto nuestra empresa contará con una nueva sucursal en la ciudad de Pasto. Así, podremos atenderles de una manera más ágil y personalizada.

Ponemos a su servicio, además, una línea de atención al cliente a través del teléfono 5323232. Esta línea funcionará las 24 horas del día de lunes a sábado.

Señor:

Sabemos que la empresa que usted dirige exporta trigo a Europa y Norteamérica y quisiéramos entablar relaciones comerciales con ustedes.

A pesar de que somos una cooperativa, tenemos el capital suficiente para comprar productos agrícolas. Cuando ustedes lo requieran, les enviaremos los documentos pertinentes que acreditan nuestra solvencia económica.

The first message contains only one idea, as follows:

I am happy to inform you that the Spanish series has just been published, and that a kickoff event will take place next Thursday at 7:00 p.m. in the Book Hall of the Convention Pavilion. It would be advantageous for you to attend this event, to get familiar with the general outline and characteristics of the series, with a view to future sales.

The other two messages can be divided in the following way:

Dear Clients,

We are pleased to inform you that starting August 1 our company will have a new branch office in the city of Pasto. Therefore, we will be able to serve you in a more efficient and personalized way.

For your convenience, we are also installing a client hot line: telephone number 5323232. This line will operate 24 hours a day from Monday through Saturday.

We know that the company you manage exports wheat to Europe and North America. We are interested in establishing commercial relations with you.

Although we are a cooperative, we have enough working capital to purchase agricultural products. We can send you, upon request, documentation that will provide evidence of our financial solvency.

Exercise 6

Podría ser (*Possible answers*):

Respetados socios:

Me permito recordarles que el próximo 20 de abril se vence el seguro obligatorio de los vehículos que están matriculados en Bogotá. Los invito a que renueven sus seguros a tiempo para evitar inconvenientes en el futuro.

Cordialmente,
Sandra Cárdenas

Dear Members:

This is to remind you that next April 20 is the expiration date for the obligatory car insurance for all cars registered in Bogotá. I invite you to renew your insurance in a timely fashion to avoid any inconvenience.

Sincerely yours,
Sandra Cárdenas

Exercise 7

1. Significa añoranza, melancolía por algo que se ha perdido o se ha ido. (*It means yearning, feeling blue because of something lost or somebody who has left.*)
2. De la soledad que siente y de su nuevo trabajo. (*About the loneliness she feels and about her new job.*)
3. Son madres que no se han casado y que cuidan a sus hijos sin el respaldo del padre. (*They are mothers who are not married and who care for their children without the fathers' support.*)
4. Porque el esposo no está con ella. Se encuentra en otra ciudad. (*Because her husband is not with her. He is in another city.*)
5. Querido Alberto / Te quiero mucho. (*Dear Alberto / I love you very much.*)

Exercise 8

distante: lejano. Persona que está físicamente presente en un lugar pero espiritualmente lejos de allí. (*distant: remote. A person who is physically in a place but mentally distant from there.*)

optimista: persona que ve las cosas de una manera positiva o favorable. (*optimistic: a person who sees things in a positive or favorable way.*)

extrañar: echar de menos a alguien o a algo. (*to miss: to miss somebody or something.*)

reto: objetivo o tarea difícil de llevar a cabo pero que constituye un desafío interesante. (*challenge: objective or task difficult to accomplish but which presents an interesting challenge.*)

Exercise 9

Podría ser (*Possible answers*):

Caracas, sábado 17 de octubre del 2002

Querido Alberto:

Estoy en este nuevo empleo en donde me pagan muy bien pero me siento muy sola y distante. Mi corazón está contigo.

Ayer tuve la primera reunión con las madres-solteras. ¡Ellas estaban tan optimistas! Pensaban que yo les iba a solucionar todos sus problemas. Hablamos del reto que tenían como madres y como trabajadoras y de lo mucho que las necesitaban sus hijos pues los pequeños no tienen padres.

Espero que los programas que tenemos les ayuden a trabajar menos y a estar más con sus hijos. No sé si podré lograrlo.

Siento que no voy a ser capaz de estar sin ti. No sabes cómo te extraño.

Te quiero mucho.
Vanesa

Caracas, Saturday, October 17, 2002

Dear Alberto:

So I am working in this new job where I am very well paid but I feel lonely and distant. My heart is with you.

Yesterday I had my first meeting with the single mothers. They were so optimistic! They thought I would be able to solve all their problems. We talked about the challenges they face and about how much their children need them because they do not have fathers.

I hope the programs we provide can help them to work less and to spend more time with their children. I don't know if I'll be able to accomplish this.

I feel I am not going to be able to live without you. You don't know how much I miss you.

I love you so much,
Vanesa

Exercise 10

Podría ser (*Possible answers*):

De: Alberto Cano <albcano@sub.com>
Para: Vanesa Torres <vanesto@lat.es>
Asunto: ¡ánimo!
Fecha: miércoles, 21 oct 2002 17:08:19

Querida esposa:

Yo también estoy muy solo y triste sin ti y sin nuestro hijo. Sin embargo, me doy ánimos y pienso que esta situación es transitoria y que pronto estaremos reunidos.

Seguramente harás muy bien tu trabajo. Las madres-solteras estarán muy bien bajo tu cuidado.

Dale muchos besos al bebé y uno muy grande para ti.

Te extraño
Alberto

From: *Alberto Cano <albcano@sub.com>*
To: *Vanesa Torres <vanesto@lat.es>*
Subject: *Courage!*
Date: *Wednesday, October 21, 2002 17:08:19*

My dearest wife,

I am also lonely and sad without you and our son. However, I try to cheer myself up by thinking this is a temporary situation and that soon we will be together.

I am sure you'll do a great job and that the single mothers will be fine under your care.

Kisses for the baby and a big one for you.

I miss you.
Alberto

Exercise 11

Querido Papá:

La situación acá cada vez está mejor. La gente está alegre; los comerciantes están optimistas; los niños sonríen; los ancianos están con sus familias; los gobernadores hablan de un futuro próspero y yo estoy mejor que nunca. Creo que la vida nos sonríe.

Dear Dad,

The situation here is getting better. People are happy; storekeepers are optimistic; children smile; old people are with their families; the leaders speak about a prosperous future, and I am better than ever before. I think life is smiling upon us.

Exercise 12

Podría ser (*Possible answers*):

Hola,

No sabes lo aburrido que estoy últimamente. En el trabajo me siento estancado, no encuentro con quién hablar y para completar, tengo una oficina pequeña y fría. Quisiera irme para otro país, pero esto no es fácil.

Cuéntame de ti, ¿qué estás haciendo?, ¿cómo te sientes?

Un beso

Manuel

Hello,

You can't guess how bored I am lately. At work I feel stuck, I don't have anyone to talk to, and to make matters worse, my office is small and cold. I would like to go to another country but that wouldn't be easy.

Tell me about you, what are you doing? How do you feel?

Love,

Manuel

Exercise 13

Podría ser (*Possible answers*):

El Internet es una red mundial de redes que conecta un gran número de computadores con diferentes sistemas operativos. A través de estas redes se intercambian datos a través de una serie de procedimientos que se denominan protocolos.

El Internet es uno de los mejores inventos del siglo XX. Por medio de él podemos mantener comunicación con personas alrededor del mundo, acceder a cualquier tipo de información y conseguir lo que queramos. Por ejemplo, si queremos investigar acerca del SIDA por Internet, se consigue un gran número de artículos y de reseñas de textos científicos que tratan sobre el tema.

The Internet is a worldwide network that connects a great number of computers with different operating systems. Through these networks data are exchanged using a series of procedures called protocols.

The Internet is one of the best inventions of the twentieth century. With it we can be in communication with people around the world, access every kind of information, and obtain everything we want. For example, if we want to investigate AIDS on the Internet, we can find a great number of articles and abstracts of scientific texts about the topic.

Exercise 14

La natación es un deporte estupendo. A través de él, se entra en contacto con el agua y uno siente que todo está bien: el cuerpo está liviano; la cabeza se oxigena; el corazón sonríe y el espíritu está tranquilo.

Swimming is a fantastic sport. When you swim, you're in contact with the water, and you feel that all's right with the world: your body feels light; your head oxygenates; your heart smiles; and your mind is at peace.

UNIT 7

Exercise 1

1. En Tenerife, España. (*In Tenerife, Spain.*)
2. Significa que hubo muchos problemas pero que al final todo salió bien. (*It means there were many problems but in the end everything turned out fine.*)
3. Sí o no. (*Yes or no.*)
4. Su matrimonio. (*Her wedding.*)
5. Es un mueble donde se guarda la ropa. (*It is a piece of furniture for storing clothing.*)

Exercise 2

faringitis: inflamación de la faringe (*pharyngitis: inflammation of the pharynx*)
laringitis: inflamación de la laringe (*laryngitis: inflammation of the larynx*)
apendicitis: inflamación del apéndice (*appendicitis: inflammation of the appendix*)

Exercise 3

Podría ser (*Possible answers*):

Guayaquil, enero 15 del 2003

Señor
Carlos Vanegas
Calle Príncipe Pío
La ciudad

Querido Carlos:

Me acabo de enterar de la muerte de tu mamá y no sabes cómo lo lamento. Yo ya he pasado por este mismo dolor y comprendo lo mal que te estás sintiendo. Quiero que sepas que te acompaño en tu pena y que tienes en mí una amiga incondicional.

Un abrazo.

Mireya

Guayaquil, January 15, 2003

Mr. Carlos Vanegas
Calle Príncipe Pío
This city

Dear Carlos,

I just heard about your Mom's death. I can't tell you how sorry I am. I have already lived through this experience, and I understand how bad you are feeling. I want you to accept my deepest sympathy and to know that you have in me a true, staunch friend.

Love,
Mireya

Exercise 4

Como es de su conocimiento, el mes pasado compré en su agencia un tiquete Madrid-Buenos Aires, Buenos Aires-Madrid. **Salí** sin ningún problema el día 13 de octubre pero al regreso, el día 13 de noviembre, me **informaron** que me hicieron la reserva en la clase victoria pero había comprado el tiquete en la clase turística, razón por la cual debía abonar 200 dólares más para poder viajar.

Ésta fue una situación muy incómoda para mí porque no tenía dinero en ese momento y unos amigos **tuvieron** que prestármelo.

As you know, last month I bought a round-trip ticket between Madrid and Buenos Aires from your agency. I flew with no problems on October 13, but coming back on November 13 I was informed that you had made my reservation in first class but that I had purchased the ticket in coach, and therefore I had to pay 200 dollars more to travel.

This was a very embarrassing situation for me because I did not have any money at the time and some friends had to lend it to me.

Exercise 5

Podría ser (*Possible answers*):

Madrid, noviembre 20 del 2002

Señor
Eduardo Aguirre
Calle la Pola 12. 5c
C.P. 27098
La ciudad

Respetado señor:

Le pedimos excusas por la incómoda situación que usted sufrió a causa de un error de uno de nuestros empleados.

Ya le hemos hecho el cheque con el reembolso correspondiente y por lo tanto, puede pasar por él cuando lo desee.

Le aseguramos que esto no volverá a suceder.

Cordialmente,
Gladis Bernal
Gerente
Viajes Madrid

Madrid, November 20, 2002

Mr. Eduardo Aguirre
Calle la Pola 12. 5c
C.P. 27098
This city

Dear Sir,

We apologize for the embarrassing situation you experienced due to a mistake on the part of one of our employees.

We have already drawn a check in the amount of your refund for you to pick up at your convenience.

We promise this will not happen again.

Sincerely yours,
Gladis Bernal
Manager
Viajes Madrid

Exercise 6

Podría ser (*Possible answers*):

Me parece increíble que esto le suceda a una empresa que tiene tantos años de experiencia.

Les solicito una pronta solución, ya sea comprándome una chaqueta nueva o dándome el valor de la misma (850 euros).

Sobra decir que ya no puedo confiar en ustedes y que espero que esto no le suceda a ningún otro cliente.

I find it incredible that this could happen at a company with so many years of experience.

I look forward to your prompt solution: either buying me a new jacket or giving me a check for its value (850 euros).

Needless to say, I will not be able to trust you again, and I hope this does not happen to any other customer.

Exercise 7

Podría ser (*Possible answers*):

Bogotá, 28 de diciembre del 2002

Querido Ramiro:

Ayer pasé la tarde más horrible de mi vida. Estuve en un atasco que duró cinco horas! Había un carro tanque atravesado en la vía. Parece que el conductor perdió el control del vehículo y el carro dio un giro sorprendente. Menos mal que no hubo heridos. La policía llegó casi dos horas después de lo sucedido y tardó dos horas más en retirar el carro tanque.

La fila de vehículos era impresionante. Nadie se podía mover. Afortunadamente, llevaba conmigo una novela muy interesante de Gabriel García Márquez y me dediqué a leerla. Llegué a la casa a las 12 p.m.

Y tú, qué hiciste en este largo puente? Cómo está mi sobrino favorito?

Escríbeme pronto.

Manuel

Bogotá, December 28, 2002

Dear Ramiro,

Yesterday I had the most horrible afternoon of my life. I was in a traffic jam for five hours! There was a tank truck in the middle of the road. It seems the driver lost control and it jackknifed. Fortunately no one was injured. The police arrived almost two hours after the accident, and it took them two hours more to remove the tank truck.

The line of cars was impressive; no one could budge. Fortunately, I had with me a very interesting novel by Gabriel García Márquez, and I spent the time reading it. I arrived home at 12 p.m.

And you? What did you do this long weekend? How is my favorite nephew?

Write soon.

Manuel

Exercise 8

1. Señala la identificación de la persona, el tiempo que lleva vinculada a la empresa, el cargo que tiene y el sueldo. Así mismo se suele indicar que el certificado se hace por petición del interesado/a. (*It contains the person's identification or social security number, the length of time he/she has worked with the company, his/her position, and his/her salary. It also generally indicates that the* certificado *was drawn up at the request of an interested party [the employee or a potential employer or institution].*)

2. Es el documento nacional de identificación de una persona. (*It is the national identification card of a citizen. [A social security card serves this purpose in the U.S.]*)

3. Para identificar a la persona. (*To identify the person.*)

4. Porque sólo es válido por un tiempo limitado, ya que la persona puede retirarse de la empresa días después. (*Because it is only valid for a limited period, since the person can resign from the company at any time.*)

5. En las cartas hay encabezado donde se indica el lugar y fecha desde donde se envía la carta, hay un destinatario concreto y una fórmula de despedida; en los certificados no. (*Letters have a heading showing the date and place of origin, a specific recipient is named, and they always have a closing.* Certificados *are more general in nature: they show the date and the organization, they are signed by an agent of the organization, but the recipient is not specified.*)

Exercise 9

La diferencia fundamental es que en la carta de recomendación se resalta las cualidades profesionales y personales de la persona que se recomienda; en el certificado no. Así mismo, en las cartas de referencia se indica desde cuándo se conoce a la persona para que la recomendación tenga validez. En el certificado se señala la situación laboral o académica actual y por ello se indica el cargo, sueldo, tiempo de trabajo. Las cartas de referencia no tienen este propósito, sino avalar o recomendar a una persona.

The most important difference is that a letter of reference highlights the personal and professional qualities of the person we are recommending; these do not appear in a certificado. *A letter of reference also indicates the length of time we have known the person, to support the validity of the reference. In a* certificado *we indicate the current employment or academic status of the individual. That is why the person's salary, his or her position, and the length of service are indicated in the* certificado. *Letters of reference do not have this purpose, but are written to support or recommend a candidate.*

Exercise 10

En resumen, es una persona **rigurosa**, **honrada** y **creativa**.

In short, she is a precise, honest, and creative person.

Exercise 11

POLLOS CONDORITO
EL JEFE DE BODEGA
CERTIFICA

Que el señor Juvenal Rincón Parra, identificado con el D.N.I. 25790, de Porto Alegre, presta sus servicios en esta institución desde el 16 de febrero del 2001.

Actualmente desempeña el cargo de supervisor de alimentos con dedicación de tiempo completo y con un sueldo básico de 1.800 euros.

Se expide el presente certificado a solicitud del interesado el 25 de septiembre del 2003.

Leonel Sarya

POLLOS CONDORITO
THE WAREHOUSE FOREMAN
CERTIFIES

That Mr. Juvenal Rincón Parra, identified with the D.N.I. 25790, from Porto Alegre, has worked for this company since February 16, 2001.

At present he holds the position of food supervisor, and he works full time with a basic salary of 1,800 euros.

This certificate is issued by request of the interested party, on September 25, 2003.

Leonel Sarya

Exercise 12

PERSONA GRAMATICAL	IMPERFECTO	PRETÉRITO	PERFECTO
(yo)	leía	leí	he leído
(tú)	leías	leíste	has leído
(él / ella)	leía	leyó	ha leído
(nosotros/as)	leíamos	leímos	hemos leído
(vosotros/as)	leíais	leísteis	habéis leído
(ellos / ellas)	leían	leyeron	han leído

UNIT 8

Exercise 1

1. Al momento de entregar la mercancía se cancela su valor. (*The merchandise will be paid for when it is delivered.*)
2. Para que le envíen la mercancía rápido. (*So that the merchandise will be shipped quickly.*)
3. Se puede pagar a plazos, con cheque o con tarjeta de crédito. (*It can be paid in installments, by check, or by credit card.*)
4. Mercancía, valor, pedido, efectivo, a plazo. (*Merchandise, cost, order, cash, in installments.*)

Exercise 2

remitir: enviar (*to send*)
nos complace: nos agrada (*It is our pleasure.*)

Exercise 3

agradar: nos agrada / me agrada
encantar: nos encanta / me encanta
alegrar: nos alegra / me alegra
molestar: nos molesta / me molesta

Exercise 4

Arequipa, 11 de enero del 2003

Señores
Banco de Oriente
Calle la providencia N. 15

Respetados señores:

Tengo con ustedes una cuenta de ahorros y una cuenta corriente desde hace más de 15 años y durante todo este tiempo no he tenido ningún problema en el manejo de ellas.

Como ustedes saben, me dedico a la producción de zapatos a nivel nacional pero deseo ampliar mi negocio y exportar mis productos a los países asiáticos.

Por esta razón les ruego que estudien la posibilidad de otorgarme un crédito de 25.000 euros.

Les agradezco de antemano por la atención prestada.

Jorge Prieto
Gerente
Zapatos y Zuecos

Arequipa, January 11, 2003

Bank of Oriente
Calle la providencia N. 15

Dear Sirs:

I have maintained savings and checking accounts with your bank for more than 15 years, and during this time I have not had any problems with either of them.

As you know, my business produces shoes for domestic sales, but I want to expand my business and export my products to Asian countries.

For this reason I wish to ask you to consider making me a loan of 25,000 euros.

Thank you in advance for your attention.

Sincerely,
Jorge Prieto
Manager
Zapatos y Zuecos

Exercise 5

Podría ser (*Possible answers*):

Arequipa, 19 de enero del 2003

Señor
Jorge Prieto
Gerente
Zapatos y Zuecos

En relación con su solicitud del 11 de enero, lamento informarle que por decisión de la junta de accionistas, los créditos están congelados hasta que se recoja la cartera del año pasado.

Una vez la junta apruebe la apertura de los créditos, su solicitud será estudiada por el consejo del Banco.

Reciba un cordial saludo.
Constanza Perea
Administradora
Banco de Oriente

Arequipa, January 19, 2003

Mr. Jorge Prieto
Manager
Zapatos y Zuecos

Regarding your request of January 11, I am sorry to inform you that due to a decision by our shareholders' board, credits have been frozen until we have received last year's portfolio.

As soon as the board approves the reopening of credits, your request will be considered by the bank's council.

Sincerely yours,
Constanza Perea
Administrator
Banco de Oriente

Exercise 6

Somos exportadores de trigo y queremos abrir una cuenta corriente con ustedes. Por lo tanto, les pedimos que nos **expliquen** cuáles son los trámites y pasos a seguir.

Esperamos que esta solicitud **sea** bien recibida por ustedes.

We are in the business of exporting wheat, and we want to open an account with you. Please explain your requirements and the steps we need to follow.

We hope that our request is of interest to you.

... Ojalá que **podamos** entablar relaciones comerciales y que sean de beneficio mutuo.

. . . We sincerely want to be able to establish a mutually beneficial commercial relationship with your group.

Exercise 7

PERSONA GRAMATICAL	PRESENTE	IMPERFECTO
(yo)	cante	cantara *o* cantase
(tú)	cantes	cantaras *o* cantases
(él / ella)	cante	cantara *o* cantase
(nosotros/as)	cantemos	cantáramos *o* cantásemos
(vosotros/as)	cantéis	cantarais *o* cantaseis
(ellos / ellas)	canten	cantaran *o* cantasen

PERSONA GRAMATICAL	PERFECTO	PLUSCUAMPERFECTO
(yo)	haya cantado	hubiera *o* hubiese cantado
(tú)	hayas cantado	hubieras *o* hubieses cantado
(él / ella)	haya cantado	hubiera *o* hubiese cantado
(nosotros/as)	hayamos cantado	hubiéramos *o* hubiésemos cantado
(vosotros/as)	hayáis cantado	hubierais *o* hubieseis cantado
(ellos / ellas)	hayan cantado	hubieran *o* hubiesen cantado

Exercise 8

1. Espero que **venga** la niñera.
2. Deseaba que todo **acabara** pronto.
3. Les ruego que **escuchen** mis razones.
4. Si el dinero no **alcanzara** no se podría comprar la mercancía.

Exercise 9

San Juan de Puerto Rico, mayo 26 del 2003

Señores
Banco popular
Sucursal Chapinero

Respetados señores:

Por medio de la presente, cancelo mi cuenta de crédito N. 178394. Tomo esta decisión porque ustedes no tienen las sucursales suficientes para poder realizar cómodamente nuestras operaciones bancarias y porque la atención es muy mala.

Cordialmente,
Ana Plazas

San Juan de Puerto Rico, May 26, 2003

Banco Popular
Sucursal Chapinero

Dear Sirs:

I am writing to inform you that I wish to cancel my credit account N. 178394. I made this decision because you do not have enough branches for us to do our bank transactions efficiently, and your service is very bad.

Sincerely yours,
Ana Plazas

Exercise 10

Podría ser (*Possible answers*):

Tulcán, 27 de marzo del 2003

Señores
Distribuidores de suministros para carros
La ciudad

Respetados señores:

Recibimos en perfecto estado la mercancía que nos enviaron el pasado martes y quedamos a la espera del pedido que hicimos esta semana.

Les pedimos que nos la envíen con la misma prontitud y calidad.

Cordialmente,
Pedro Serrano
Gerente
Concesionario "Bache"

Tulcán, March 27, 2003

Automotive Supply Distributors

Dear Sirs:

We received in perfect condition the merchandise you shipped to us last Tuesday, and we are expecting delivery of the order we made with you this week.

We ask that it be shipped to us with the same promptness and excellent quality.

Sincerely yours,
Pedro Serrano
Manager
"Bache" Dealership